本书受河北省高等学校人文社会科学重点研究基地——石家庄铁道大学工程建设管理研究中心、河北省软科学研究基地资助

王英辉 李文陆 - 著

农村土地资源融合与业态创新

Rural Land Resources Integration

and Agricultural Format Innovation

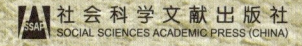

社会科学文献出版社
SOCIAL SCIENCES ACADEMIC PRESS (CHINA)

业经营模式的创新又离不开土地的自由流转和规模化，这是现代农业的基本规律。

可喜的是，随着"三权分置"等一系列农业改革政策在十九大前后的推出和试点，土地市场化流转的基本条件具备了，那就是土地产权的清晰化和土地财产性质的确定。新制度经济学家科斯就提出在交易费用为零的情况下，产权无论赋予交易的哪一方都能够使资源的配置达到帕累托最优的状态。在现实中不可能有交易成本为零的情况，即必然存在交易费用，那就意味着在产权清晰的情况下，应该选择交易费用最小的那种价格形成机制。在"三权分置"之前，我国没有清晰界定农村土地产权束中不同子产权在交易过程中的权利界限，因此土地交易的收益就是不确定的，按照新制度经济学的理论，这必然造成土地交易成本巨大。比如，征地过程中的社会冲突问题非常严峻。对农村土地的非市场化的不合理定价机制抑制了土地流转的动机。科斯定理的精华在于发现了交易费用及其与产权安排的关系，提出了交易费用对制度安排的影响，为人们在经济生活中做出关于产权安排的决策提供了有效的方法。根据交易费用理论的观点，市场机制的运行是有成本的，制度的使用是有成本的，制度安排是有成本的，制度安排的变更也是有成本的，一切制度安排的产生及其变更都离不开交易费用的影响。交易费用理论不仅是研究经济学的有效工具，也可以解释其他领域很多经济现象，甚至解释人们日常生活中的许多现象。比如当人们处理一件事情时，如果交易中需要付出的代价（不一定是货币性的）太多，人们可能要考虑采用交易费用较低的替代方法甚至是放弃原有的想法；而当一件事情的结果大致相同或既定时，人们一定会选择付出较小的一种方式。按照这个理论，给土地产权以市场化的定价，用最小的制度成本激励要素的自由结合就有利于土地资源的最优配置。产业融合与城乡融合就是在降低土地交易成本和建立市场化产权交易制度的基础上形成的农业新业态的创造机制。有了这个机制，资本、劳

序

随着"三权分置"、"土地确权"以及"同地同权"等概念的提出以及相应政策的推出，农村土地改革的进程向更广更深处推进。我们不得不面对改革进程中一系列障碍和问题，尤其是城乡融合和产业融合所需要的政策、制度与社会环境条件，这是农业新业态形成和发展的基础。

人口老龄化形势在农村尤为严峻，现在从事农业活动的劳动力一般在50岁左右，再过20年中国农村农业劳动力的短缺将比城市更加严峻。虽然我国城镇化率已经接近60%，相对于中国历史上的农业人口比例，我国农业人口的数量下降速度是惊人的，但由于人口基数较大，在未来可预测的时期内农村人口仍旧保持三亿人左右的绝对数量，所以，我们不得不一方面考虑农业劳动力短缺的问题，另一方面考虑如何在农业劳动力基数较大的基础上让农民能在农村土地改革的进程中利益不受损害。唯一可行的出路就是将农民现代化，将农业经营现代化，最终让农业现代化。农业的现代化就是对现有的传统农业的革命和创新，首先提出的就是农业经营模式的创新，农动力、土地、技术以及农业企业经营者的能力才能进行市场化定价和自由融合，融合的过程就是新业态的成长的路径。融合的过程也是产业间的对接、价值链的整合，以及供应链的优化过程。

我们以此理念为指针，针对我国城乡资源融合的前提、城乡融合中劳动力的组织资格权问题以及城乡融合的土地产权市场化交易模式和机制问题进行了一系列探讨。城乡的融合必然是产业的融合，这两者是相辅相成的。在土地产权具有了市场化定价机制的基础上，产业融合就具有了效率，主要涉及资本要素与农村要素的整合问题。我们认为所有的技术都是随着资本与其他要素进行整合的，因此重点探讨了资本要素与土地要素进行整合的问题，为这些要素的整合探讨了可行的路径。城乡融合与产业融合的结果是农业新业态的形成和发展。本书借助现有的新业态的研究成果，重新界定了各种业态的形成路径。

虽然我们尽可能地搜集资料和调研，但是中国地域的广阔，中国经济发展之快速已经超过了我们思考的速度，我国农业试点区域工作进程之快也让我们坚信，中国的农村土地改革必将提到一个新的高度。因为，中国新的《土地管理法》和《农村土地承包法》呼之欲出，一个崭新的中国农业发展路径正呈现在我们面前。

导论

第一节　关于土地和农民的历史和现实

"皇天后土"典出《尚书·武成》："予小子其承厥志，底商之罪，告于皇天后土。"《左传·僖公十五年》："君履后土而戴皇天。"可见，后土与皇天是相对的，处于次要的地位。古代有"皇天后土"的说法，主管"土"的神地位极高，人们把掌管土地之神放在极高的地位顶礼膜拜说明土地对我们来说何等重要。到后来，"皇天后土"甚至成为人们赌咒发誓的一个常用词："皇天后土可鉴……"据神话传说，盘古开天辟地是我们人类历史的开始，天离我们很遥远，地却离我们很近。女娲也是用地上的泥土造就人类的。所以，对天的感知是朦胧的，对地的感知是真实的，对土地的感觉是实在的。不只是人类，动物也是如此。非洲草原的狮子每天都要巡视自己的"领地"，通过喷洒尿液来宣示"领地"的范围。一旦有入侵者进入自己的"领地"，狮子就要拼死"决斗"，以维护"领地"的完整。据说猫科动物大都如此，大凡看过动物世界的都知道"地盘"的概念关系一个动物种族的生死延续，是"重之重者也"。看来，动物们比我们更注重领地的概念。人类只不过是高级动物而已，圈地的行为一点也不例外。

人类历史就是一部围绕土地斗争的历史。

离我们太遥远的和位置太边远的就不说了。从春秋战国到清朝，多数战争不是为了疆土又是为了什么？说起土地最有感情的是农民，也许有点绝对但是绝对真实，只要是农民的儿子，不管后来的职业离农民有多远，他总会对农民、农村、农业敏感而多情。中国城市居民倒回去三代基本都是农民，农民之于土地，如同渔夫之于大海，牧者之于草原。所以，到这里，我们基本可以理解，为什么农民把土地看得如此之重要，不惜用生命去捍卫。土里刨食大概就是对孔子"民以食为天"这句话的农民语言的阐释吧！如果土都没了，食就没有存在的基础了。失去土地的农民有太多的伤悲和无奈。

农民，怎么解释？它是一个阶层还是一个职业？是一个身份还是一个群体？是黏着在土地上一辈子土里刨食的"把式"还是可以随意游走于江湖的手艺人？是闯入城市工作但又必须落叶归根的农民工？是打拼于世界，功成名就的第一代企业达人？任何研究"三农"的人细思起来，对这个词既熟悉又陌生。对于任何有农村成长经历的人，这个标签从出生起就已经烙在身上了，尤其是农民的孩子，自记事起就知道农民要跟土地打交道，自上学就了解"农户"与"非农户"的区别，自高考起就清楚考上和考不上的天地之别，考得上就可能脱离农民身份，考不上自己只能扛锄锄大地。在改革开放之初，农村的孩子们只知道除了个别的招工以外唯一可以不做农民的渠道就是高考。不是每个人都很幸运，有的人参加了多次高考才真的跃出了农门，不做农民了。为的是大学毕业的时候，履历表上写的是干部，看到干部的身份，眼睛是发光的，有的甚至特意拿回去在父母面前谝了很久。对于外人，这样的一个举动不过是一个小小的傲娇，但是从社会分层的角度去看待"农民"这一称谓是我们无法不去面对的一个历史和现实，农民这个词已经无法让我们轻松地一带而过。

农民，这个词在中国很简单但又不简单，很明显，厚重的历史和现实已经把农民打造成一个内涵和外延都无比丰富的词。

比较起来，外国的"农民"含义相对简单。在百度翻译里打出"农民"这个词，有四种翻译，farmer、peasant、husbandman 和 boor。farmer 有农场主的意思，大概相当于我们对地主的称谓，但远比地主缺少政治含义。peasant

是农夫的意思，说白了就是直接干农活的工人，西方人习惯称之为农业工人。husbandman 在牛津字典里解释为经营农场的人，大概相当于 farmer，但给人的感觉有一家之主的意思，应该是工业革命前男人在农业生产中的地位决定了丈夫（husband）起主导作用，因此"农民"整体就用"老公"来代替了，用"丈夫"代替"农民"也未尝不可，毕竟工业革命以前，农业是西方各国的主要产业，农民与 fishman 同名。至于 boor，那多少有些贬低的意思，类似于乡巴佬、粗人、鲁莽人的意思。我们且不管它，好在时间总会让一切改变，农民也是如此，十年河东，十年河西。农民在今天已经不是任何一个人可以随意打扮的石灰膏模特。

作为"三农"研究者，不弄清楚中国的农民到底是一群生存在什么样的权力森林体系下的生物群落，这个群体要走向何方，我们就无法真正理解中国的"三农"问题。农业不只是一个产业，它还是一个造就共和国经济发展的中流砥柱，工农产业"剪刀差"已经让农业为新中国的发展做出了牺牲，今天农业的改革肯定能影响中国改革的走向。在改革的大潮下，我们有必要为这个历史上曾经位于第二等级的群体做个详细的梳理（在封建社会里，士农工商，农排在第二位，不过，这里面的农应该是指阶层，但也说明其重要）。究竟将农民界定在一个什么样的地位上才能让中国的农业有个清晰而明确的出路，中国的供给侧改革才能够风生水起，真正实现"三步走"的战略？

第二节　中国土地的过去和现在

一　西周土地的"承包制"

在西方的经济学理论里，土地是作为生产要素存在的。不管是马克思的政治经济学还是西方的宏观经济学理论,在这方面是出奇地一致。

中国没有经济学理论,但是有人生的理念。人们对土地的生存依赖不曾改变过。即便屡次改朝换代,农耕民族的文化对其他文化依然有高度的融合性。土地无非在"集中—均分—再集中—再均分"这样无终止的轮回中完成其养育中华民族的重任。中国历朝历代衡量君王的清明与昏聩也是以农业和农民的产出高低作为标准的。汉唐盛世的世界影响力来源于农耕制度的高生产力。土地,在中国几千年的历史中承担了民族给养的角色。游牧民族当然也看中土地,但是他们不经营土地,只知道逐水草而居,每一块土地对于游牧民族来讲不过是过眼烟云,因此西汉和盛唐的边疆战争也从来都是对土地的不同认识的斗争。农耕民族从来都认为土地是祖宗的血脉来源。因此,本研究认为农耕民族对土地有天然的亲近感,而游牧民族不过是把土地当作一种类似于牛马的工具而已。牛马丢了可以再想办法,但把土地当作血脉来源的,土地丢了就断了血脉了,农民天然的对土地的血脉情感即便是过上几千年都无法改变。

从西周开始的分封制(封建制)就是以土地为分封的标的物来统领依附在土地上的臣民的。春秋后期"春秋五霸"的轮流坐庄不就是源于对土地的重新分割吗?由于诸侯发展不均衡,原来分封的土地是基于诸侯祖先及早期的功劳和实力的,不均的发展结果造成了"礼"必坏、"乐"必崩,因为礼乐已经成为束缚土地再分配的桎梏。礼乐的无法与时俱进,或者说礼乐的设计者只是静态地考虑了西周初期的状态,没有考虑诸侯发展的需要,形成动态的礼乐制度,或者说忘了留下接口,或者说根本不可能想到这么多,导致到了西周后期诸侯发展的不均衡产生对土地重新分配的动机。土地上的农民是土地的依附物,至少在当时是那样的。

不过,土地的变化是随着西周的衰落开始的。西周初期,土地是国有的,《诗经·北山》里有这样的词句:"普天之下,莫非王土。"说明在先秦时期至少土地是名义上的"公有制",当然这个公有是天子所有,西周的天子代表着"天"来管理他的土地以及土地上的臣民。在先秦的另一部经典《礼记·王制》中还曾提到过"田里不鬻",说明那时候的土地是不能交易或者交换的。这更印证了土地的公有,公有就无法交易,无法交易就是"不鬻"。周的天子通过分封的方式将土地分封给自己的诸侯,形成诸侯的"国",国之内的土地名义上是诸侯的,但是诸侯只有管理权,并没有处置权,也就是说他不能把土地当成他自己的。当然,他可以再分封下去,再分封下去就是大夫的"采邑",大夫同样只有对土地的部分权力。本研究认为这正如原始的承包制,分封制下的承包制是周天子的土地承包给了诸侯,诸侯又转包给了大夫,再往下是士,士是没有土地的,但是士也不是农民,他们是贵族的最末一等,他们可能会得到一块"禄田",但这"禄田"只能在士被大夫、诸侯和周天子聘用期间才可享有,是作为"工资"存在的,因此说士拥有承包权有些靠不住,因为在春秋时期士经常在诸侯间寻找可以服务的对象,所以"禄田"变化得也极快,所以士的"禄田"不能相当于承包地,只能是临时工工资,所以,本质上士是没有土地的,靠出卖才智给上级贵族。战国时期的"四君子"都有养士的习惯,其中平原君蓄士3000人,这里的士就是"门客",他们都是没有土地的。所以这些所谓的士是为诸侯和周王的政府服务的"公务员",是没有土地的。那时候,诸侯和大夫的土地是不可以转包的,当然也不可以买卖,只能管理,并且通过管理土地,将获取的部分土地收益以"贡赋"的形式向上一级贵族进贡。这就是我们现在赋税的原型。

在西周初期,土地的不可买卖制度限制了土地的流转。用现代意义的土地产权束概念分析,西周初期的土地的所有权归周天子,因此也有学者说当时的土地公有制应该叫"王有制"[1],笔者觉得倒不必如此较真。因为那时的

---

[1] 杜建民:《西周土地探析》,《史学月刊》1992年第2期,第15—23页。

目 录

导 论 ……………………………………………………………………001
 第一节 关于土地和农民的历史和现实 ……………………… 003
 第二节 中国土地的过去和现在 …………………………………005
 第三节 农民、农村、农业——改革从历史走向现实 …………011

第一章 城乡融合与"三权分置"………………………………015
 第一节 农业与农村改革的背景 …………………………………017
 第二节 农村土地确权与"三权分置"………………………… 033
 第三节 中国农业与农村的改革之路 ……………………………057

第二章 城乡融合下的农业发展思路 ………………………… 069
 第一节 城乡融合的借鉴与创新 …………………………………072
 第二节 城乡融合下的土地经营 …………………………………079
 第三节 城乡融合下的农业产业 …………………………………086

第三章　城乡融合下的农村集体成员权 ……………………… 093
第一节　农村集体成员权辨析 ………………………………… 095
第二节　城乡融合下的集体成员权的界定 …………………… 101

第四章　农村土地市场化交易模式设计 …………………… 111
第一节　农村土地市场化交易背景 …………………………… 113
第二节　农村土地市场化交易的主体与客体 ………………… 119
第三节　农村土地市场化交易的模式探索 …………………… 129

第五章　农村土地市场化交易制度研究 …………………… 135
第一节　农村土地市场化交易的路径分析 …………………… 137
第二节　农村土地交易的国家制度与政策 …………………… 150
第三节　农村土地交易的环境建设分析 ……………………… 152

第六章　产业融合下的农村土地与其他要素的融合方式 …… 155
第一节　产业融合下的农村要素 ……………………………… 157
第二节　资本与农村要素的融合方式 ………………………… 163
第三节　农村产业融合的发展路径 …………………………… 167

第七章　产业融合与城乡融合下的农业新业态研究 ……… 175
第一节　农业新业态的概念及特征 …………………………… 177
第二节　新业态形成的产业融合 ……………………………… 183
第三节　农业新业态形成的条件 ……………………………… 189
第四节　农业新业态形成的路径 ……………………………… 195

参考文献 …………………………………………………………… 205

周天子是代表"天"来行使土地产权的,或者说"天"才是土地的终极所有者,严格意义上土地也不是周天子的。当然,"天"是无法行使所有权的,自然行使所有权的角色只能界定给周天子了。那么使用权呢?代行所有权的周天子把使用权一次性地封给了诸侯,诸侯又一次性地封给了大夫,如此看来,土地的使用权在西周时期是被严格转包了,而且转包以后是不能改变的,因为"田里不鬻"制度限制了土地承包经营权的转让。土地在西周初期不能交易就意味着土地的交易权是没有的。土地的收益权呢?土地的收益权是清晰的,不同层级的贵族通过土地的"贡赋"形式向上一级纳税,进行土地收益的分割。其中,这里需要说明的是,那时候真正在土地上劳动的人只有三种,一种是农民,一种是奴隶,一种是短期雇工。农民在当时的"村社"中耕种,其中有短期的私田,也有公田,公田的产出是用来交贡赋的,私田的产出是自己的。但是私田是要经常在村社内进行重新分配的,分配的频率要根据村社长官的意志。可见,这里的私田公田实际上是短期的承包地,或者说不固定的承包地,以这种承包形式存在的村落当时叫作"村邑"或者"采邑",可见当时的"村邑"多少有些像现在我们的农村。与村邑同时存在的还有一种土地形式,叫作"庄园","庄园"是诸侯或者大夫的固定承包地,是不变的,雇用雇农和奴隶来耕种。

分析到这里,我们应该清楚地感觉到,3000 年前西周的土地的产权制度是如此完备,如此清晰,以至于让我们感觉到那么熟悉。是不是农民就非常幸福呢?西周时期的土地制度的确促进了农业的产出,但是说农民幸福那就太想当然了,那时候生产力实在是太低了,生产设备和技术远不如我们现在现代化的机械设备和农业技术,所以产出少得可怜,比如在汉代公认的文献里说到"粟"的产量是 3 石,林甘泉主编的《中国经济通史·秦汉经济卷(上)》认定:汉代 1 石 =2 市斗,1 市斗 =13.5 斤,1 石 =27 市斤。3 石粟相当于现在的 81 市斤,也就是大概一亩地产 40 多公斤,这还是复种的产量,可想先秦的产量肯定更低。一亩地连100斤都达不到可见农业生产效率有多低。

土地产出效率的低下，使土地私有化生产非常困难。在此情况下，春秋以前土地的私有化并不严重。随着春秋后期铁制农具的广泛使用，农业生产效率提高，同时随着周王分封的诸侯政治、经济治理差异的分化越来越大，诸侯国之间的战争频发，导致土地重新分配。同时，铁制农具和牛耕技术也使得土地的私有化具有了技术支撑。因此，在战国后期出现了大量的私有土地，在"井田制"的基础上演化出"初税亩"等私有化的苗头。

二 春秋到战国时期土地制度的乱政时代

西周后期，随着铁制农具的使用，生产力发展比以前的时期要快，土地的产出效率有所提高。各种农业种植的经验和技术都比以前有进步。但是，各国农业发展的水平出现了巨大的差异，这种差异不一定全部是土地产出效率不同导致的，但肯定是有关系的。土地产出的变化除了与土地使用的技术有关系，笔者认为更主要的原因是跟土地的管理团队的水平有很大的关系。当时，诸侯国各管理团队的管理能力随着时间的延长在发生着潜移默化的变化，管理团队能力的变化又进一步影响了土地管理的效率和效益，治理能力强的诸侯国团队让土地要素的生产有了一个良好的外部环境，加上新的生产技术，形成了更高的效益。这样的诸侯受益于土地的技术性提升和管理水平的进步。诸侯发展的不平衡又导致了发展好的诸侯对土地的渴望进一步增加，到了春秋时期，先后出现了齐桓公、宋襄公、晋文公、秦穆公、楚庄王"春秋五霸"，战国时期出现"战国七雄"：齐、楚、燕、韩、魏、赵、秦。这些霸业的领袖和崛起的帝国都是在土地兼并中的胜利者，他们改变了周以来的土地分封制度。周室的衰微只能使名义上的周天子望洋兴叹，除了哀叹命运的不济，他已经毫无回天之力。其实，这不能怪罪于周天子。因为在周之初，西周的开拓者就忽略或者就根本没有想到，制度演变的路径设计。这是不能求全责备的。因为，当时极低的生产力让他们可能产生这样的幻觉：在可以预见的几百年里，大家（分封的诸侯们）经营管理的能力不可能发生太多的变化，因此设计制度演变的路径有些多此一举。这种理念埋下了诸侯争霸的隐患。随着时间的流逝，诸侯们发现在自己强大以后，原有的制度设计没有考虑相应的地位、财富及权力的调整，于是只能靠自己的实力和影响力说话，当时，诸侯和周天子以霸主会盟的形式来昭告天下："天下真正的中心已经不再是由周的天子来决定了，能决定的是那些诸侯后来的实力。""春秋五霸"的霸主们就先后进行了这样的会盟，于是，天下有了名义上的天下和实质上的天下，那就是周天子的假天下和霸主们的真天下。

与其让路径通过参与者的争斗来形成，不如提前设计好一个动态演变的路径，这会规避不必要的社会损失。

三　从战国到民国土地的"公有"与"私有"的混合经营制

"春秋五霸"揭示了东周列国经济和政治发展的不平衡。同时，也让我们看到了，霸主的兴起源于对土地的重新分割，也看到了周王对土地"公有"权力的逐渐丧失。但是土地的"公有"和"私有"在整个战国到民国的两千多年的时间里并没有所谓的此消彼长，而是各领风骚。国家出现后，原始社会的氏族土地公有制逐步演化为土地国有制，或称"王有制"，商鞅变法完成的又是土地的私有化改革，其"废井田，开阡陌，授土于民"意味着私有制正式被接受和认可。秦汉时代是一个田制混乱的时代，"公田"与"私田"同时存在，土地可以买卖的政策让土地兼并越来越严重。汉代是土地私有与公有思想斗争的时代，董仲舒倡导公田制，汉武帝主张私田制。王莽篡汉后实施的是公田制，而刘秀的东汉实施的"度田"本身又是一种私田制。曹魏的"屯田制"是公田制，而西晋的"占田制"又是一种私田制。北魏到隋唐一直实行的是土地分给农民的"均田制"，这也是私田制的一种形式，到了天宝年间，"安史之乱"才正式打破了唐实行的土地私有制度。唐德宗建中元年（780），宰相杨炎建议推行两税法，即以户税和地税来代替难以为继的租庸调制，且每年分夏、秋两次征缴。这是中国田地制度的分水岭，租佃制度得以在中国实行开来。明朝宰相张居正推行的"一条鞭法"影响了明清两个朝代，"一条鞭法"即把赋与役合并为一，丁（人口役）与粮（田租）合一，并把征集重心由户丁转向田亩，土地的私有制进一步发展。到了清朝，雍正实施的"摊丁入亩"更是把土地的私有制发展到了极致。[1]

第三节　农民、农村、农业

——改革从历史走向现实

在历史上，农民从来不是一个职业称谓，向来是阶层的标志。在西周和春秋时期平民中的"士农工商"四个阶层中，农民是仅次于士的第二个等级。当然，士是在贵族分化以后，由那些没落的贵族转化的，如同鲁迅先生写的小说《孔乙己》中的孔乙己，是穿着长衫的读书人。士在平民中多少还有些自豪感，那就是他们的祖上曾经富贵过。而农是在封建社会中最被倚重的阶层，因为中国自古是个农耕国家，一切财富来自农业的生产，而工和商是以农为基础的。在生产力比较低下的封建社会，农民的阶层虽然不高，但是在社会中作用非常巨大。当农民与读书结合起来以后，就有了"耕读"一词的存在了，耕读世家、耕读传人就让人觉得非常"雅"，原因在于读书是古代士人摆脱低级阶层的通道，是士人追求学而优则仕的途径。而农业又是国家的重中之重的产业。古代的士人非常看重耕读传家这样一种宗族传承的

---

[1] 部分内容参看了郭雪剑的《中国古代土地制度演变的特点和规律》(《学习与探索》2016年第1期)。

机制。到了现代的中国，农业产值虽然在增加，但是在 GDP 中的比重越来越低，欧美发达国家中第一产业（农业）的产值在整个国家的 GDP 中所占的比重已经不到 20%，我们国家经济在发展，农业产值在 GDP 中的比重也一直在下降。

农业的产值在 GDP 中的比重在下降，从事农业的农民的身份价值就更不会高起来。农业产值比重下降意味着其生产效率的低下，意味着该产业的投入产出比要低于其他产业，那么从事农业的农民的收入肯定也是在下降的。在其他产业发展迅速的情况下，这些产业的投入产出比肯定也是在提高的，意味着这些产业的劳动力的收入也在增加，而产业快速发展，正好需要大量的劳动力，这为农业劳动力的流动提供了天然的拉力和吸引力。于是，其他产业劳动力虹吸效应就显现出来了。这是改革开放以后，尤其是近年来，大量的农业劳动力进入城市成为市民的原因。

但是中国的户籍制度对农民身份的界定是牢固而有黏性的。城市产业只希望农民工来提供服务，并不想让农民获得更多的社会福利，他们认为如果给了农民工随时可以转为城市人口的机会，就会影响和瓜分他们的福利。因此，在 21 世纪初，几乎没有哪个中国的城市愿意敞开大门给农民一个转换身份的机会。哪怕有了独立的职业，农民的标签也不容易撕去。甚至在 21 世纪初，还有农民花大价钱买城市户口的现象。

城市人口中 90% 以上上辈或者上上辈是农民身份或者有从农的经历，就像每个人都有故乡一样，城市里大多数的人会有老家，一旦说到老家大多指的是祖屋或者祖产，而祖屋或者祖产所依托的载体就是那块从祖上流传下来的宅基地，这块宅基地有一个传统的称谓叫作祖宅。中国人以儒家思想为治国理念，以法家为治国工具已经两千多年了。儒家倡导的修身、齐家、治国、平天下的基础是家，修身是在家中修，这个家以前是指家族，现在可以指其所在的乡村。随着中国经济的发展，农村劳动力的转移，现在乡村土地经营的主体已经不是少壮劳动力,更多的是45岁以上的中老年人。空心村和无人村呈现逐渐增多的趋势。传统的土地家庭经营模式随着劳动力的继续转移将出现难以为继的现象。

随着农村劳动力的城市转移,还称从事农业劳动的人员为"劳动力"已经多少有了伪命题的意思。因为在中国的农村从事农业劳动的几乎都是40岁以上的劳动力。根据第二次全国农业普查数据:东部、中部、西部40岁以上农业从业人员的比重依次是60.3%、56.8%和51.8%,50岁以上从事农业生产的劳动力的比重分别达到35.3%、33.3%和31.2%。[①] 从事农业生产的基本上都是高龄劳动力。甚至在有些地区70岁以上的老人还在从事农业劳动。这些已经达到我国退休年龄的老年人几乎不能算作劳动力了,而中国农村不到退休年龄的劳动力又几乎不在农业领域就业。因此,现在被称作"中国农业劳动力"的竟然主要是一些即将到退休年龄的老年人,现在的农业劳动力不是一个伪命题又是什么?!数据显示,在农村户籍中,真正从事农业生产的劳动力在中国的不同地区差异比较大,但是所占的比重都比较低这是相同的。那些每到中秋和春节打死也要挤上火车和长途公共汽车回家的人还是农业劳动力吗?他们像候鸟一样从农村飞向城市,只是在两个必须团圆的时候才会像候鸟一样又短暂地飞回,而真正逗留在农村老家的时间短而又短。农村户籍的劳动力为城市产业发展提供了劳动力支持,而在传统和制度上,他们依然被称为农业劳动力,即便在城市也是以"农民工"的形式被称呼。"农民工"的修饰词是前面两个字,"工"是中心词,意思是以农民身份从事城市产业生产的工人。这个工人的身份被农民的阶层属性或者地域属性所界定,也就意味着一旦没有了工作,农民工依然是农民。

中国农业到了必须改变经营模式的时候了。

---

① 此部分数据来自第二次全国农业普查数据。

第一章

城乡融合与『三权分置』

第一节　农业与农村改革的背景

随着中国进一步的改革开放，中国产业的发展和经济体制的调整进入了一个新的发展阶段。作为三大产业之一的农业在国家经济中的支柱产业地位没有发生变化，依然是关系国计民生的产业。但是其发展的速度和体量在经济总量中的变化是显而易见的。中国共产党十八大以后，经济体制和产业发展战略有了进一步的变化。

改革开放以来我国取得巨大成就：目前，我国水稻、小麦、玉米三大谷物自给率保持在98%以上，粮食人均占有量达到900斤，已经高于世界平均水平，实现了粮食基本自给，为保持经济平稳较快发展、应对各种风险挑战、维护改革发展、稳定大局奠定了坚实的物质基础。[①]

截止到2016年底，粮食总产量稳定在1.2万亿斤的水平上，农民年人均收入达到了1.2万元。在代表农业现代化水平的指标方面，农田有效灌溉面积占比超过52%，主要农作物耕种收综合机械化率超过65%，农业科技进步贡献率超过56%，良种覆盖率达到96%。2017年继续深入推进，进入了显效期。2017年第一产业增加值累计值为6.5万亿元，同比增长3.9%，各季度农业经济增速与GDP增速差口逐季度缩小，第四季度增速差口缩小至3个百

---

① 农业农村部数据。

分点，为近两年最低值。① 从农业的总量上看，农业的整体规模达到了历史的极值状态，此时也是农业产出水平达到最好的时期。但是农业的发展不仅看现实，还要看潜力，还要与世界发达国家的农业进行对比。

从农业经营规模与效率看，中国一个劳动力只能种7亩左右的地，一个家庭是10亩左右，欧洲一个劳动力能种几百亩，美国一个劳动力能种几千亩，最大的一个家庭农场能搞到上万亩，所以我们跟他们差的是几十倍、几百倍的规模。农业劳动生产率远远低于第二、第三产业的劳动生产率，大概只有第二、第三产业劳动生产率的1/3，这不是因为我们农民不能干，是因为土地太少了，不够干。农业劳动生产率远远低于第二、第三产业劳动生产率，这就决定了农民的人均收入远远低于城镇居民的人均收入，所以城镇居民人均收入是农民人均收入的三倍多。《光明日报》2013年曾以每个农业劳动力占有土地面积表示土地经营的规模，并做了国际比较，美国、英国、德国、法国、日本、韩国等9个国家农业劳动力人均土地面积是42.5公顷，巴西、南非、墨西哥和波兰4个中高收入国家是5.8公顷，而中国只有0.57公顷，如果换算成人均土地面积则只有0.09公顷，与发达国家相差甚远。②

一 我国农业与农村改革的现状分析

（一）从农村土地经营机制看

从农业经营效率的影响来看，改革开放之前实行"三级所有，队为基础"的土地所有方式和土地由生产小队直接经营的模式。这也是现在的农村土地集体所有制的产权模式的基础。虽然改革开放以后实行了土地承包责任制，保留了土地的集体所有制的形式，但是土地的承包经营权从所有权中分

---

① 艾瑞咨询：《2018年中国生鲜电商行业消费洞察报告》，中文互联网数据资讯中心，2018年1月7日，http://www.199it.com/ archives/672306.ht。

② http://finance.ifeng.com/a/20150318/13562059_0.shtml。

离出来，土地的产权主体被分解为两个：农村集体和农民家庭。它们分别承载土地所有权和土地承包经营权。这种土地经营机制的变革有利于将农业生产力从低效的农业集体组织——生产队中解放出来，其产出效果在发轫之初明显（见图1-1）。

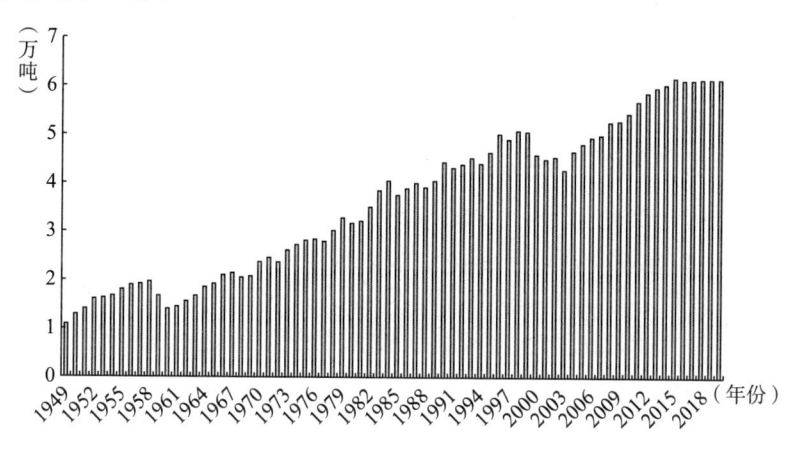

图 1-1 中国农业粮食产量

资料来源：国家统计局。

从1978年改革开放到现在，农业的组织经营方式还没有发生本质的变化。改革开放前，由于缺乏对经营者的激励，以农业集体组织生产队为直接经营主体的方式效率越来越低，农业绩效越来越差。低效的集体农业经营模式被有家庭收益的承包制代替后，有一段时间农业产出效率增加，但那是对低效集体经济的抵补，是由单纯性的农业产出激励机制的作用而形成的单维度的产出增长促进。当这种基于正常化激励机制形成的回报率被随后的城市改革的其他产业的更高回报率超过以后，小农经济的一般性激励的农业产出效率就一直保持低水平的产出运营模式。农产品的产出水平与其他产业的产出效率开始出现相对下降。这必然性地出现了农业劳动力人口的产业转移倾向，即便在户籍制度的限制下依然出现了大量的向城市方向的外流。农业的抛荒现象出现，并日渐严重。在这种情况下，2006年中央一号文件出台，提出全面免除农业税,并给予农业生产性补贴,农业的产出开始恢复,我们可以从图1-1看出这个变化。但是,由于中国农业整个经营机制依然没有变化,虽然名义上是集体经济,但家庭经营的小农经济特征没有改变,与持续了几千年的封建农耕制的差别主要在于土地的所有权的归属。但家庭联产承包责任制与土地的地主所有制的区别就是更加平均,更缺乏流转机制,与封建社会的小农经济的经营的方式没有区别。而且,土地的集体内流转的限制导致土地集约化经营并没有出现。农业与其他产业的融合,土地资本与其他资本的融合形成更有效率的经营机制的制度环境并没有改变。

2018年中央一号文件正式提出了城乡融合发展、三个产业融合发展的战略。但是,土地、劳动力、资本的流动的障碍必须真实而有效地去除才能真正解决融合的限制。

(二)从农业劳动力的职业素质看

以2017年第三次农业普查的数据(见表1-1)为准,从事农业劳动的劳动力中,拥有初中学历的占48.4%,拥有高中或者中专学历的占7.1%,拥有大专及以上学历的占1.2%。农业劳动力人口年龄结构也非常明显,35岁及以下的占19.2%,35—54岁的占47.3%,55岁及以上的占33.6%。与第二产业和第三产业劳动力从业者上述指标相比,农业产业的就业人员,不仅学历低,而且年龄偏大。建立现代农业,提高农业的生产效率,必须有高素质的从业人员。

表1-1 农业生产经营人员与数量

地区	全国	东部地区	中部地区	西部地区	东北地区
农业生产经营人员总数(人)	31422	8746	9809	10734	2133
农业生产经营人员性别构成(%)					
男性	52.5	52.4	52.6	52.1	54.3
女性	47.5	47.6	47.4	47.9	45.7

续表

地区	全国	东部地区	中部地区	西部地区	东北地区
农业生产经营人员年龄构成（%）					
35 岁及以下	19.2	17.6	18.0	21.9	17.6
36—54 岁	47.3	44.5	47.7	48.6	49.8
55 岁及以上	33.6	37.9	34.4	29.5	32.6
农业生产经营人员受教育程度构成（%）					
未上过学	6.4	5.3	5.7	8.7	1.9
小学	37.0	32.5	32.7	44.7	36.1
初中	48.4	52.5	52.6	39.9	55.0
高中或中专	7.1	8.5	7.9	5.4	5.6
大专及以上	1.2	1.2	1.1	1.2	1.4
农业生产经营人员主要从事农业行业构成（%）					
种植业	92.9	93.3	94.4	91.8	90.1
林业	2.2	2.0	1.8	2.8	2.0
畜牧业	3.5	2.4	2.6	4.6	6.4
渔业	0.8	1.6	0.6	0.3	0.5
农林牧渔服务业	0.6	0.7	0.6	0.5	1.0

资料来源：国家统计局：《第三次全国农业普查主要数据公报（第五号）》。

当然，导致农业就业人员素质相对较低、年龄相对较大的原因不仅仅是农业从业人口回报低的问题，更主要的是现有农业产业的经营机制和土地产权模式问题。在"三权分置"政策出台以前，农村土地的经营权流转给非农业人口本身是不合法的，流转给集体外的农业人口也存在很大障碍。这固然保证了土地社会保障功能的普遍性，但也导致农村土地只能以小农家庭经济方式进行经营。我国对土地承包制有严格的法律保护体系进行保护（在《宪法》《土地管理法》《农村土地承包法》中都有界定）。农村土地的非财产性质也决定了土地流转的利益动机不足,土地无法以土地财产形式与其他的资本进行结合形成新的资本组合,这样也就无法采用市场化方式进行定价,也就不能以规模化的方式进行土地积聚。

客观上讲,国家考虑到农村土地的社会保障功能具有的社会稳定作用,也不会鼓励农民将土地转移出去。只有社会经济发展到一定程度,土地的社会保障功能可以由普惠制的国家社会保障职能替代,土地流转才具有国家政策鼓励的可能性。因此,我国农村土地从改革开放到现在并没有出现大规模的土地流转和兼并,是具有社会、经济、法律、政策原因的。在不改变土地非财产性质,不改变其社保功能的情况下,就不可能出现大量的土地流转,只能保持小农家庭经营模式,农业生产效率就不可能迅速提高。因此,我们看到的近几年的土地流转主要对象依然是集体内的成员或者农业人口。

(三)从农业的机械化程度看

近年来,我国农业机械化程度有了迅速的提高,这是不言而喻的,有数据可以证明我国农业机械化程度的进步速度。纵向来看,我国农业的机械化水平一直比较低,与美国相比,我国在机械化方面明显处于落后状态(见图1-2)。我国各地农业生产的自然条件千差万别,整体多山地少平原,气候南北差异较大,人口在东、中、西部地区的差异更明显。因此,在这种立体差异下,小农家庭式生产模式导致农业机械使用的规模化程度比较低。这既不同于美国的大农场型农业,也不同于日本的精耕细作型的小规模农业。农业劳动力的土地福利保障模式,导致农民对土地依附黏着程度远远高于西方发达国家,农民土地流转的市场化水平较低,土地兼并成为政治敏感词。国家并不鼓励外部资本大量进入农业,尤其不鼓励资本购买农村土地,即使在不改变土地使用性质的情况下,出于担心农民失地后的赤贫化,担心土地兼并导致农民丧失生活保障并成为城市贫民主体,国家严格限制不符合国家法律规定的未经农民同意的土地兼并。这从某种意义上避免了印度、巴西等国家习以为常的城市贫民窟的问题，但也阻碍了土地规模化的进程。这也是导致农村土地细碎化的原因之一。土地细碎化自然对农业的机械化有限制作用。虽然国家出台了一系列的购买农业机械的补贴措施，但是农民的自由资金的实力也决定土地市场化的程度是非常低的。农业机械化的程度囿于以上原因进展一直不大。

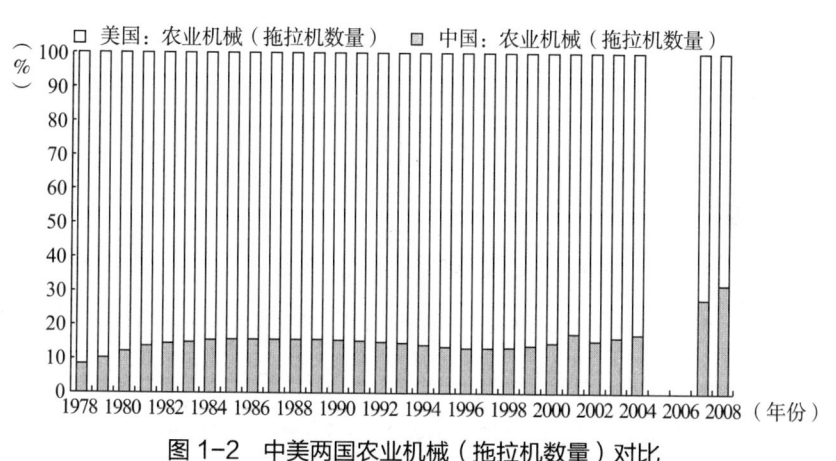

图 1-2　中美两国农业机械（拖拉机数量）对比

（四）从农业的资本投入看

农业资本投入的多少在于农业利润率的大小，在于资本进行农业投资障碍的大小，在于国家政策的导向。农业是基础性产业，农业产品是初级产品，对其他产业的产品价格具有极大的引领作用。国家为了保证其他产业产品的价格稳定，同时也为了保证农业的利润率，往往采用国家补贴和采购的方式保证农业的丰歉产期的价格平衡。国家对农产品价格的平衡机制导致农产品的利润率的稳定性相对来说比较重要。因此，农业利润率在各国都比较低。农业的利润率低反而有助于其他产业的成本降低。因此，如果允许、鼓励第一、第二、第三产业进行融合，那么就有利于农业的发展，利用比较低的农业利润率，提高融合后的第二、第三产业收益率。但是，由于我国的农村土地的集体所有性质以及承包制的保护机制，农村土地的资本性质一直没有确定下来，导致其他资本与农村土地结合的切入点非常少。

（五）从农业的产业化程度看

我国农村人口的比例下降是近两年的事情。有三个方面的原因导致农村人口的减少。第一，高等教育的普及。随着1997年扩招政策的实施，大专以上录取率逐年上升，到2017年，我国大、中专的录取率达到了70%以上，农村劳动力获得了更多的高等教育机会，这些进入高校的大学生很少有回农村从事农业劳动的动机。这导致农业劳动力在青年劳动力方面出现了短缺，也导致从事农业劳动的劳动力普遍年龄偏大。第二，城镇经济的发展创造了大量的就业空间，城乡的户籍藩篱越来越小，在中小城市落户不再困难，尤其是近年来，国家对户籍制度的改革和城镇化的推进，更使大量的农村年轻劳动力获得了就业机会和落户机会，城镇化的虹吸效应明显。同时，城镇化的虹吸效应主要针对的是农村具有技术特长和年轻的劳动力，导致农村年轻劳动力的流出速度加快。第三，农村婚姻习俗的影响也非常明显。笔者所在的小县城已经有这样的婚俗，农村女孩嫁人必须找县城有楼房的男孩。而这些女孩结婚后也很少会再回农村。婚俗的改变实际上也是一种优胜劣汰机制。有能力的农村家庭和男孩在这种婚俗下大量进城。没有能力的男孩留在农村。因此导致农村劳动力素质下降是很容易理解的。

（六）从农业与其他产业融合看

国内的研究一般认为，农村第一、第二、第三产业融合发展是以农业生产为基础的，第一产业通过产业联动、产业集群、制度创新等方式，把资本、技术和资源要素进行跨界、跨区整合配置，综合发展农村的第二产业和第三产业，实现农村各产业的有机融合，使农户能够分享价值链融合的增值收益。[①] 第一、第二、第三产业的融合表现为各种生产要素的自由流动。我

---

① 李玉磊等:《国外农村一二三产业融合发展研究》,《世界农业》2016年第6期,第20—24页。

国农业与第二、第三产业融合度比较低，表现在农业生产要素的流动性比较差。最明显的是，在"三权分置"政策提出以前，农村土地的流动仅限于集体以及农村人口内部。在没有土地市场交易机制的情况下，土地要素的定价是非市场化的（《土地管理法》是通过土地产出对土地流转的价值进行界定的），土地流动的收益值很低，缺乏对农民土地流转的吸引力。外部资本与土地的融合在土地流动性障碍比较高的情况下变得更加困难。同时，农业劳动力的身份固化，农业劳动力是三大产业劳动力中素质最低的，表现在学历偏低、年龄偏大以及技术掌握的程度比较低。当前，工业已经进入了4.0版本，按照曾任农业部农产品加工局局长的宗锦耀的说法，农业也存在4.0版本，即依靠农村产业融合催生诸多新产业、新业态、新模式。之前农业的1.0版本是主要依靠人力、畜力的规模农业，2.0版本是主要依靠农业机械装备的工业化、产业化农业，3.0版本是主要依靠互联网和智能化技术的信息化农业。[①] 很明显，前三个版本的农业发展是隔离状态的发展，农业产出品单独生产，之后进入其他产业，因此，不是一种融合状态的发展。

（七）从城乡融合来看

城乡融合不仅仅是打破城乡的"二元制"结构的问题，更重要的是城乡的要素是可以双向流动的。城乡之间的生产要素流动障碍的消除是城乡融合的标志。目前来看，农村主要生产要素中的劳动力是双向流动的，不存在障碍，但是农业产业回报率比较低，客观上造成这些要素的流向又是单向的，是流向城市的。土地要素是生产要素中最重要的要素，没有限制的话，其流向城市的速度非常快，但是土地要素流向城市的过程中其原有的产权主体获益率不高，表现在农民只具有土地的使用权，土地所有权归集体。集体又不具有法人资格，在集体产权代理人缺位的情况下，农民在土地产权权益流动

[①] 《农业部农产品加工局局长宗锦耀：推进农村产业融合　培育强劲发展动能》，中国经济网，http://www.ce.cn/xwzx/gnsz/gdxw/201712/19/t20171219_27311080.shtml。

过程中处于弱势地位，在土地流转中谈判能力比较低。这从中国房地产发展的收益分配中就可以看出来，通过征收农民土地形成建设用地，土地收益大部分被征地政府和房地产商获得，农民的土地收益率是最低的。资本要素对于农民来说，农业的投入产出效率比较低，导致其资本积累的能力差，不仅农业资本对外流动很少，流入农业的资本也没有收益吸引力。而且，在土地流动性相对比较差的情况下（"三权分置"之前），土地在农业内流动的增值收益也非常低。在土地收益分配中，政府得到60%~70%，村集体和农民分别只得到25%~30%和少于10%，[①] 因此，可以看出，城乡融合的程度受制于各种闲置因素，城乡融合的程度是比较差的。

二 中国农业与世界农业的对比

美国现在农业人口占全部人口的2%，农业产值占全部产业产值的2%；美国工业的就业人口占全部人口的18%，其产值占23%；美国从事服务业的人口占全部人口的80%，其产值占全部产值的75%。中国现在农业人口占34%，农业的产值只占到10%；中国工业的就业人口比重为30%，工业的产值占到47%；我国服务业近年来发展比较迅速，就业人口比重为36%，服务业产值比重为43%。比较下来，中国每个农民创造的农产品价值是英国的10%，美国的8%。以上美国数据基本能代表发达国家的三产（农业、工业、服务业）特征，农业就是一个就业人数少、产值占GDP比重小的产业，就业人数和产值基本一致。相反，中国农业就业人数极多，产值占GDP比重也和就业人数不成正比。结论就是一句话：中国农业的生产效率极低，提升的空间非常大。

2015年，我国每50公斤玉米、稻谷、小麦、大豆、棉花平均出售价格

[①] 许经勇：《"三农问题"与资本原始积累》，《南京财经大学学报》2004年第6期。

分别比美国高出109.91%、50.89%、98.69%、102.78%、44.57%，这导致农产品进口量快速增加。随着我国劳动力价格不断上涨，2001年至2015年，玉米、稻谷、小麦、大豆、棉花人工成本增幅分别为256.71%、230.27%、261.57%、172.46%、336.07%，劳动力价格上涨成为推高农业成本的主要因素。2015年，玉米、稻谷、小麦、大豆、棉花人工成本分别是美国的14.78倍、4.11倍、16.33倍、8.5倍、28.23倍，表明我国劳动生产率远远低于美国，这与我国农业机械化水平相对低的事实相契合。

我国国土面积为960万平方公里，略多于美国。2015年，中国土地为20.25亿亩，美国土地为23.19亿亩，中国土地比美国土地少2.94亿亩。截至2015年，美国农业就业人员为242.2万人。而同期，我国农业就业人员（第一产业就业人数）为21919万人，其中包括兼业人员。

中国庞大的农业劳动力超过农业需要量，产生大量剩余劳动力，这也是农业劳动力中大部分兼业的原因。世界上农业先进国家的农业机械化水平都比较高。美国的粮食作物早已实现机械化，在棉花、大豆、烟草等品种上也都实现了耕种收全程全面机械化。我国农业机械化水平相对较低，耕作环节机械化率相对较高，但播种、收获环节的机械化率较低。

2015年，我国农作物耕种收综合机械化率为63.82%，机耕率较高，为80.43%，但机播率和机收率都较低，分别为52.08%和53.40%。近几十年来，农业科技创新与应用对我国农业增产与发展居功至伟，化学肥料、优良品种、农业机械、生物技术、设施大棚等推动着我国农业发展进步。我国农业科技在世界上处于较为领先的水平。但与世界上农业先进国家相比，我国在一些基础性、关键技术领域仍有一定的差距。[1]

---

[1] 《对比世界发达国家农业，中国农业差距到底在哪里？》，搜狐网，http://www.sohu.com/a/192353312_99965757。

三　农村改革存在的问题

1.农村土地财产属性的问题

农村集体土地价值体现在土地的产权主体发生改变过程中土地交易价格上。但是在现有的《土地管理法》中土地产权主体发生改变时对农村土地的定价并不是按照土地的市场交易价格，而是按照土地产出物的价值乘以一定的年份确定土地的征收价值的。土地被国家征收以后，土地的性质发生改变，由集体土地转为国有土地。企业事业单位使用的国有土地按照"招拍挂"的方式出让，这时候的土地交易价格转为市场交易价格。因此，农村集体土地转出的价格为土地产出物的价值替代了土地由供求确定的市场价值。而土地变性以后的价值形成是市场的供求决定的。因此，可以判定，土地在变性之前的价值确定是非市场行为的。非市场行为对土地价值的决定剥夺了土地定价的公平性，没有体现原土地所有者对土地收益的诉求，相当于剥夺了土地所有者的产权权利。因此，《土地管理法》没有修订之前，所有集体土地流转的标准都不是市场定价标准。包括集体内的土地交易，也是个体性协商。因为，在集体内也没有充分的土地流转的市场存在。因此，土地的财产属性由于缺乏市场的定价机制而被剥夺。

土地所有权主体天然具有保护土地产权转让收益的本能。农村集体具有土地的所有权，但是农村集体是一个虚化的概念。农村集体是由所有的具有农村集体成员权的人组成。因此，农村集体土地所有权归属于具有农村集体成员权的全体村民。但是全体村民并不具有独立的民事行为能力。全体村民只能委托农民的自治组织村委会来代行权利。在委托代理的关系上会出现委托者和代理者的利益诉求的差别。这会导致代理权人对所有权人的权益侵害。而政府是具有法人资格的主体，其具有天然的国有土地的代理权，国有土地的国有主体全体国民跟集体一样不具有民事行为能力。因此，农村集体土地的产权转让问题就转为两个土地所有权代理主体之间的合谋问题，土地产权转换就天然不具有市场交易的特征。土地财产性价值无法体现也就显而易见了。

为了改变土地交易中产权主体无能力表达土地所有权主张的问题，"三权分置"应运而生。土地产权主体将拥有的全部产权划分为三部分，一部分产权叫作所有权，归村集体所有，一部分是土地承包权，也就是土地的使用权归集体成员所有，还有一部分是土地经营权，这个权利是从土地使用权中分离出来的，单独界定为通过市场获得，而获得土地经营权的主体是不确定的。这样就使土地产权具有了一定的市场交易机会，土地财产性权利具有了市场表达的机会。

但是，土地经营权的市场表达需要具有市场信息的对称性，同时还需要市场交易主体的权属的同等性，即土地经营权交易的时候，应该有一个具有充分竞争的市场机制，让土地的财产价值得以充分体现。但是现在看来，我国现存的大多数土地交易市场的机制和交易的流程还没有标准化，还需要进一步朝市场化的标准模式优化。

2. 要素进出障碍的问题

要素进出的障碍决定了要素价值与价格形成的公平性。要素的进入和退出的障碍小，要素流动性强，要素的增值受到市场价格形成机制的影响。几个方面影响了要素进出的效率。

劳动力的进出障碍问题。首先是户籍制度。户籍制度经过这几年的改革，阻碍农村劳动力流出的阻力已经大大减小。国家的城镇化政策对农村劳动力的城镇就业和城市产业创业都起到推动作用。高考扩招政策以及面向农村劳动力的职业教育水平的提高对农村劳动力进入城市也起到正向作用。这意味着农村劳动力进入城市的第二、第三产业的障碍已经大大降低了。但是，城市劳动力进入农村，以及农村劳动力在不同集体经济组织间的流动的障碍不但没有降低，反而有逐渐增高的趋势。比如，其他产业人员进入农村的入口越来越窄，这一方面与国家鼓励城镇化有关系，另一方面与农村集体的福利有关。农村集体的福利体现在农村集体成员对土地的权利上。原则上，每个农村集体的成员都具有获得集体土地承包权的权利，以此权利为农村居民的社会福利保障。而城市人口已经获得国家的社会福利保障，一些城市人口一方面不可能放弃城市福利，另一方面又想获得农村集体的土地福利，这是不公平的。国家在还没有建立起统一的社会福利机制之前，对已经获得城市福利保障的城市人口以获得土地的承包权为目的的流动动机是不鼓励，是限制的。但是，"三权分置"政策实施以后，土地经营权的放开对城市劳动力流向农村是有激励作用的。土地经营权的市场化定价让企业家要素和普通劳动力要素具有了交换机会。当然，国家对这些城市劳动力和智力要素进入土地经营权市场也进行了限制，那就是以不损害农民利益为前提，以不获得土地使用权为底线。

资本要素的进出障碍问题。资本要素具有非常强烈的逐利性。流动性也是最强的，社会环境对资本流动的限制也是最弱的。但是囿于农业土地流动性的非市场状态，目前，农村以外的资本进入农村存在的最大障碍就是对土地的估值问题。没有市场，就缺乏土地价格的性质机制。因此，在"三权分置"政策出台之前，资本无法与土地进行融合，同时也由于缺乏相应法律和政策保障，外部资本游离在农业边缘，大多通过"公司＋农户"等形式进行整合，外部资本并没有真正与土地资本和农业劳动力资本进行自由结合，只是以试探性的结合方式，而不是以彻底的要素结合方式。

土地要素的进入障碍问题。土地要素的流出在城镇化和房地产产业快速发展的这20年表现得尤为突出。如前所述，在我国《土地管理法》的规定下，土地的转出价值是以产出为基础通过经年累计价值表达的，因此，农民利益受损问题一直是一个社会问题。加上地方政府的土地财政政策的实施，土地的增值收益大多流向地方政府和房地产产业，农民在农地流出方面获利不多。除个别城市郊区的农地受到区域优势的影响，农民获取了一定的谈判地位，导致收益有所增加以外，大部分农地的流出增值收益并没有惠及农民。从流入的方向看，国有土地转为农村集体土地的情况，只有在土地置换的方式下才可能出现。为了保住十八亿亩土地，国家严格限制土地的减少，在土地减少的情况下必须通过土地抵补的方式保证土地的数量不减少。在这种情况下，个别地区出现用城市国有土地置换农地的情况，但不普遍。

3. 土地经营机制的问题

土地经营机制是农村土地集体所有下的家庭承包制。以农民家庭的承包权获得土地在承包期限内的土地使用权。"三权分置"政策出台之前，土地经营的模式以家庭经营为主，小农经济形态历经几千年的封建制度进入现代社会没有发生本质改变。但是不得不承认，农民的承包制本身在对改革开放前的三级所有的集体经济生产力的解放方面是有贡献的。这可以从改革开放之初到20世纪90年代中期这一段时间农业的增产增收的效果中体现。当然，小农经济生产特征限制了农业的机械化、水利化、节水节能化，也限制了农业技术应用，更限制了土地集约化。因此，土地细碎化在改革开放后一直存在。尤其是东北平原和华北平原，本来可以实施的集约化农业生产模式至今没有实现。随着2018年中央一号文件的出台，城乡融合发展、农业与其他产业融合发展的战略的颁布必将为突破传统小农经济模式做出贡献。土地市场化流转的规模和市场化价格交易机制对土地经营模式的优化有重大的影响，在后面章节中还有详细论述。

4. 农民权益保护的问题

中国农民的数量是世界上任何一个国家无法比拟的。据统计，2016年底世界上超过1亿人口的国家有13个，其中亚洲有7个——中国、印度、印度尼西亚、巴基斯坦、孟加拉国、日本、菲律宾；非洲有2个——尼日利亚、埃塞俄比亚；北美洲有 2 个——美国、墨西哥；南美洲有 1 个——巴西；欧洲有 1 个——俄国。在这 13 个国家中已经成为经济发达国家的只有美国和日本两个。但是，美国总人口为 3.2 亿人，不足我国的零头；日本总人口为 1.2 亿人，不足我国的 1/10。[①] 由于我国地区发展不均衡，各地城镇化水平差异比较大（见图 1-3）。从全国来看，在 2020 年以前，中国农民数量不管是在相对值还是在绝对值方面，仍然是最大的。以 2020 年我国农民数量占比达到 40% 这样的目标看，中国仍然会有 5.2 亿人以上的农民。对农民利益的保护，关系到一个国家长治久安，也关系到经济发展的可持续性。

2018 年中央一号文件明确提出城乡融合与产业融合过程中对农民利益保护的问题，其中就包括外部资本进入农业领域的安排，不能以损害农民利益为前提。农民不是固化的阶层，农民是可以选择的职业。但是，现阶段农民的职业选择的通道和制度是缺乏的。首先，农村集体成员权的获得是受到严格限制的，通过农村集体成员权保障农民对土地福利的获取，这是没有问题的。但这也同时限制农民职业选择的可能性，即便获得了城市产业的就业机会，只要农民不退出农村集体，那么其将获得双层保障，这在公平性上是值得商榷的。其次，其他产业的劳动力进入农业由于受到土地权利的制约而无法获得集体成员权，导致农民只能减少不能增加，这种限制也不利于要素的流动。最后，2018 年中央一号文件专门提出了对外部资本购买农村宅基地和农民住宅的限制。这也是出于保护农民利益的动机。但是，农民利益的保护是在农民是弱势群体的假定下政府的政策取向。给予农民一体化的社会保障，同时给予城市劳动力和资本自由进出农业经营领域的权利，对农业的发展也是有利的。这就涉及保护农民利益和农业协同发展的问题，这也是现阶段需要重点研究的问题。

---

① 陈锡文：《从农村改革四十年看乡村战略的提出》，微信公众号"新三农"，2018 年 4 月 19 日。

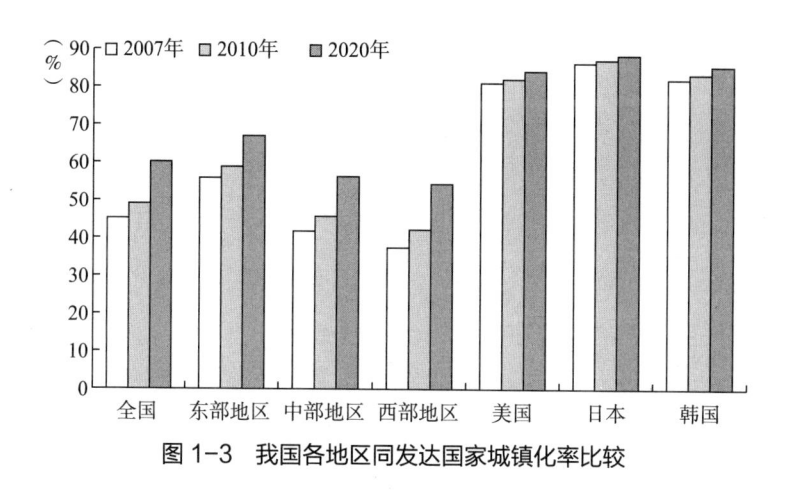

图 1-3 我国各地区同发达国家城镇化率比较

第二节 农村土地确权与"三权分置"

一 土地确权

按照国务院的部署,农村土地确权要在2018年底完成。依据《土地利用现状分类》(GB/T21010—2007)、《集体土地所有权调查技术规定》、《城镇地籍调查规程》等相关技术规定和标准,充分利用全国土地调查等已有成果,以大比例尺地籍调查成果为基础,查清农村每一宗土地的权属、界址、面积和用途(地类)等,按照统一的宗地编码模式,形成完善的地籍调查成果,为农村集体土地确权、登记、发证提供依据。农村土地确权是为了使农村土地产权的主体与权属清晰,以便有利于土地流转交易。

首先,有利于强化物权保障。土地是农业最基本的生产资料,现阶段,土地还承载着农民的生活福利保障功能。确权以后,农民作为土地承包经营权的物权权利人的地位就会获得法律上的认可和保障。这样,保障农民土地承包权收益就有了充分的法律支撑。我国农村现有的土地经营制度是土地集体所有下的家庭承包制,这个制度受到我国《土地管理法》和《农村土地承包法》的保护。

其次，确权以后，土地的所有权主体和承包权主体的权属范围更加清晰，权利内容更加明确，在制度和法律上为实施"三权分置"政策、将土地的经营权纳入市场交易机制提供了实现的条件。只有确权颁证，土地作为要素资源和财产属性的特征才能更加突出。土地资源和财产的所有者和承包使用者可以在法律规定的范围内依法交易相关权利。也就是说，任何社会主体想获得农村土地的所有权、使用权以及经营权都必须在国家规定的法律框架内，按照国家农村土地的权利交易规则流程办事，农民想转让土地经营权可以通过市场交易的方式获取相应的交易价值，不管这样的交易价值是实物或者租金。这样，农民的土地财产权利的特征就更有保障。

农村土地确权以后，土地的财产主体非常清晰，农民就可以行使土地的财产权利，比如可以进行权证抵押贷款，土地具有了可以进行打包的抵押物的功能，农民以土地进行贷款的财产权利就被法律所保障。同时，土地作为财产的其他权利也会在土地产权交易市场建立以后陆续体现，比如，将土地与其他资本组合组建农业企业，将土地经营权转移的租地收入和土地作为股份入股的分红权利就会因为土地产权的确权而获得明确的保障。

最后，土地确权以后，土地承包经营权的获得的期限及归属将明确而透明，这为减少土地承包经营纠纷，维护土地承包主体的各项合法权益提供了有力的保障。确权以后，土地面积不清、四至不明就不再存在，土地产权交易流转的风险就会大大降低。这对激励农户流转土地，鼓励外部资本与土地要素进行结合，完成城乡结合和产业结合下的农业新业态的建立具有历史性作用，这也是现代农业发展的必经之路。

二 "三权分置"的提出

"三权分置"的权利内容针对农村土地用途的不同而有所不同，针对生产性用地，比如土地、林地等，土地"三权"表现为土地的"所有权、使用权（承包权）、经营权"，针对具有宅基地性质的农村建设用地表现为"所有权、资格权、使用权"。但是不管农村土地用途有何差异，其所有权主体没有变化，都是农村集体组织。因此，土地确权和"三权分置"都涉及对产权主体的清晰界定。

首先确定所有权主体——集体的概念及内涵。承包权是土地使用权，现有的《土地管理法》和《农村土地承包法》已经明确其主体为农村集体成员，表现形式为家庭承包形式。由于现有的《土地管理法》和《农村土地承包法》还需要修改，农村土地经营权的主体没有在法律上得到界定。但是党的十八届五中全会提出稳定农村土地承包关系，完善土地所有权、承包权、经营权分置办法。2017年中共中央办公厅、国务院办公厅下发了《关于完善农村土地所有权承包权经营权分置办法的意见》，明确指出"三权分置"是继家庭联产承包责任制后农村改革又一重大制度创新。在"三权分置"下，所有权、承包权和经营权既存在整体效用，又有各自功能。经营权的具体实现形式也不是唯一固化的，土地出租、土地入股、土地托管、联耕联种、代耕代种等都有其适应性，鼓励通过多种方式进行积极探索。目前，《农村土地承包法》《物权法》中涉及经营权的内容，均是从承包方角度进行阐述，即"通过家庭承包方式取得的土地承包经营权可以依法采取转包、出租、互换、转让或者其他方式流转"，在下一轮法律修订中，应当补充完善经营权的有关内容，明确经营主体在流转土地上的相应权利，以稳定各方预期，促进土地流转和规模经营健康发展。[①] 2018年中央一号文件又提出了农村宅基地的"三权分置"，宅基地的"三权分置"内容明显不同于生产用地的内容，在保持所有权主体内容不变的情况下，宅基地的"资格权"替代了生产

---

① 《"三权分置"的核心要义是放活土地经营权》，吾谷新闻，http://news.wugu.com.cn/article/886661.html。

性用地的"承包权",宅基地的"使用权"替代了生产性用地的"经营权"。

三 农村土地所有权:谁是农村集体的问题

1. 关于集体的概念

集体这个概念挺简单,但是理解起来千差万别。按照《现代汉语词典》的解释,集体就是许多人合起来的有组织的整体(与"个人"相对)。那么农村集体就是农村里的许多人合起来的组织。

乡绅治理下的村庄也是一种自治性的组织,张仲礼在《中国绅士——关于其在19世纪中国社会中作用的研究》[①]中提出了他自己的看法,认为19世纪的乡村绅士基本是告退的官员和受过儒家教育且有一定财产的乡村中产人士,他们有自己的处事原则,受命官衔而办事,或协助官府办事,有时候官吏们倡议议事,由乡绅号召村民执行,有时候由乡绅根据村民需要议事,通过官府批准形成议案,甚至还能得到官府经费的支持。有的地方有宗族存在,那么族长就是德高望重和有一定经济实力的乡绅,这些乡绅通过宗族的议事机构领导农村的各项政治、乡俗活动,一般不会干涉农民的耕种自由,当然,出现了村民的冲突,一般也由乡绅来调解。没有宗族的一般也有村公所,乡绅治理结合地方政府的指导,形成一种相互依赖、互相支撑的治理体系。

当然,随着土地的集中,大量土地集中在有产阶层,失地农民沦落为佃农,但农村土地的兼并并没有改变农村的治理结构。即便到了清末,乡村地主绅士往往出钱组建本村的防卫组织,以抵御流匪作乱。在这样的治理结构中的集体,就是村公所及乡绅宗族祠堂下的集体概念。每个农民对宗族族长治理的认同就是对集体的认同。大家可以看陈忠实的小说《白鹿原》,其中

---

① 张仲礼:《中国绅士——关于其在19世纪中国社会中作用的研究》,上海人民出版社,2008。

白嘉轩和鹿子霖就是典型的农村绅士的代表,白鹿原村的治理结构直到解放后才发生了改变。村民在乡村事务决策中起到很小的作用。日常事务由宗族族长及村庄主要的乡绅决定,重大事务也组织村民参加,但村民并不参与选举,也没有形式上的民主意识,因此从本质上讲并不是集体决策。而且,也不存在以一个整体的经济组织形式完成村庄的经济活动的组织。以此标准确定中国农村的"集体",大致可以分为三个阶段。

第一个阶段,社会主义改造之前的时期,这个时期可以追溯到封建社会及民国时期,农民以私有农田和宅基地为生活来源和生活之所,由于不存在某种组织计划安排整个村庄的农业生产经营活动,因此,只有乡村治理结构(乡绅政治),不存在农村集体。

第二个阶段,社会主义改造完成之后到1978年家庭联产承包责任制的实施。这个阶段,在农村存在完全功能的集体,尤其是自20世纪50年代初农业合作化运动之后,在初级社,农民将自己的生产资料包括土地、大型农具、耕畜等投入初级社,由集体安排农业生产经营活动,农民们在形式上是共同劳动,实行"各尽所能、按劳分配"的集体分配形式。乡村由乡政府指导下的村委会自治管理,但是已经有党组织开始推动党的农业政策的实施。随着历史的演变,农村集体组织经历了两个时期,即合作化时期,也就是初级社到高级社时期,人民公社时期。第一个时期,农民进行社会主义改造的热情很高,自愿入社,合作生产,积极性高,自主管理型的集体组织特征明显。但是到了第二个时期,人民公社实行政社合一,将农村经济组织与农村治理机构合而为一,强调"一大二公",搞"一平二调",农民的利益受到了不同程度的损害,农民的积极性逐渐下降。到了后期,这样的集体组织反而阻碍了农业生产力的发展,缺乏激励的"一大二公"集体具有非常强大的资源支配权力,却缺少对农民的家庭收益增加的激励,农村经济趋于崩溃边缘。

第三个阶段,1978年家庭联产承包责任制实施到现在。这个阶段实行了以家庭土地承包经营为主要经济形式的统分结合的双层经营机制,由于农民获得了土地使用权,并且土地使用权的期限得到长久保障,农民在20世纪80年代中期以前积极性都非常高,农业经营成果显著,随着城市改革的推进,城乡差异导致劳动力资源价值发生逆转,出现农村劳动力的城市化转移现象。这个阶段农业集体组织的租用"名义"的成分居多。因为农民的经营活动不再依赖集体组织安排,尤其是在2006年取消农业税以后,集体组织除了具有对土地使用性质等监管的权力外,所有的经营权力全部转为农民持有。农村治理实行村民自治性质的村委会在乡镇政府指导下的政治运行机制。但是,农村的"统"的成分越来越少,因为,土地的管理由相应法律法规界定的政府职能部门负责,集体只有通过对土地性质改变进行监督来实现形式上的农村集体土地的所有权。因此集体的概念是存在的,集体的实质没有了。随着城镇化快速推进,农村建设用地被征收改变土地性质的时候,地方政府往往以村委会为集体代理人进行土地征收的谈判,虚无的集体反而将土地所有权拱手让给了地方政府。

因此,我们可以通过上面的分析将集体的概念概括为"零集体－集体－虚集体"。

以集体形式和权利内容为标准来分析,"零集体"阶段,既不存在集体的形式,也不存在集体的权利,因此所有的土地都是私有的,只存在乡村治理的结构:乡绅治理。"集体"存在阶段,既有集体的形式,比如初级社、高级社、人民公社,也存在权利的集体表现,农业经营权归集体,决策权也归集体,包括土地的所有权和使用权都是主体一致的。到了"虚集体"阶段,虽然名义上存在统分结合,随着土地使用权的长久化,"增人不增地,减人不减地"的政策使集体的使用权虚化,土地管理的权利实际上已经被法律法规界定给地方政府,村委会成了地方政府的代言人。村委会以代行集体所有权的名义获得土地改性（土地改性是指土地性质发生改变，下同）的收益，因此，村委会在土地流转方面成为农民利益分享者之一。农村土地在转移的过程中，村委会截留农民土地增值收益的事情屡见不鲜。

笔者2017年回农村，随便聊天，问60岁以上的老人，集体的概念在他们的印象里就是"大队"，这是"大跃进"以后的称谓，现在叫村委会。四五十岁的人，一般都是先一愣，然后说，哪还有集体，集体的概念在他们的意识里是虚无的；或者愣一会儿，不太确定地、满是疑问地问我"村委会？"问起80后、90后，干脆就摇脑袋，这些上学打工的年轻人们，除了知道自己的地被父母种着或者转给了谁，或者卖给哪家企业，一般早没有集体的概念。集体曾经是非常强大的名词，曾经在1978年以前是农村每个家庭劳作和生活的组织，这个集体是自己一家过活的来源。

1978年以后，中国大部分地区实施联产承包责任制以后，集体感觉是被"分"了。大包干包的是地，分的是集体。集体第一次从开始的唯一依靠，变为可有可无。那整体传达政策的村委会的大喇叭也逐渐安静下来，随着时间的延长，即便偶尔广播也不再是村委会委员开会的通知，而是卖商品的广告通知。那个曾经牵动每个人神经的集体随着承包制的深入，渐渐地在人们的心里面淡化。曾经"生产大队"下的"生产小队"变得更加可有可无，那些所谓的"生产队长"基本可以算是退休了，因为不需要再通知"社员"开会，也不需要指导农民今天明天干什么农活。农村，俨然一部村外河边上的水车，自行运转。从1978年到20世纪末，大多数农民还是赶着驴车日出而作，日落而息。陶渊明曾经在《桃花源记》里写道："土地平旷，屋舍俨然，有良田美池桑竹之属。阡陌交通，鸡犬相闻。其中往来种作，男女衣着，悉如外人。黄发垂髫，并怡然自乐。"大有老子《道德经》里憧憬的情景："小国寡民。使有什伯之器而不用；使民重死而不远徙。虽有舟舆，无所乘之，虽有甲兵，无所陈之。使民复结绳而用之。甘其食，美其服，安其居，乐其俗。邻国相望，鸡犬之声相闻，民至老死，不相往来。"

就在改革开放的前十年里，农民在自己的承包地里，辛勤劳动，无暇关注其他，在"交够国家的，留足集体的，剩下的全是自己的"的政策引导下，拼命在自己的一亩三分地里劳作，想争取留下给自己的更多一些。交纳公粮时经常排出一个长队，那是当时秋收后经常出现的情景。

2. 如何理解土地是集体的

中国的土地制度是，城市土地是国家的，农村的土地除了界定为国家的以外都是集体的。中国农村在20世纪50年代以后先后经历初级社、高级社以及人民公社，及至改革开放以后的土地承包制的实施，农村土地和城市土地的界限是清晰的，这期间的矛盾并不大。近年来，随着中国经济的发展，城市经济发展迅速，城市扩张的过程就是农民集体土地减少的过程，农村集体土地完成了身份改变，地方政府获得了大量的土地改性的增值收益。毫无疑问，这期间的政府获得的土地收益就是我们常说的土地财政。

除非完成"城中村"或企业事业单位改造，否则没有太多可以供地方政府获取收益的城市土地。因此，随着城市的扩张，大量的农村改性土地成为地方政府土地财政来源。我们所有的城市人在享受土地财政的回报。城市公共设施与城市道路的升级优化以及城市的现代化都是土地财政支持的表现，甚至每一条地铁，每一条林荫大道，每一条滨海大道都有土地财政的支持。

我们是不是应该感谢政府通过土地财政给市民提供如此高效的城市设施呢？应该，但又不能应该。因为，改性土地形成的土地收益及土地财政收入是在非市场的模式与程序下完成的土地增值，政府用农民应该获得的增值收益的一部分为城市居民做了一些该做的事。

这些改性的土地的前身便是农村集体建设用地，甚至是农业生产用地。地方政府征收集体土地通过市场化的招拍挂方式将土地出让给地产商，从而实现土地的价值升值，这便是地方政府土地财政的经济学意义上的激励。

3.土地价格的定价权

我国的《土地管理法》明确规定:"国家为了公共利益的需要,可以依法对土地实行征收或者征用并给予补偿。"这表示征地行为发生时,国家应对失去土地的主体给予相应的补偿,即征地环节所体现的土地收益形态为征地补偿。根据《土地管理法》第四十七条规定,"征收耕地的补偿费用包括土地补偿费、安置补助费以及地上附着物和青苗补助费"。而根据《国务院关于深化改革严格土地管理的决定》的要求,目前我国大部分地区征地补偿采用征地区片综合地价或统一年产值标准。

很明显,农村集体土地的定价是土地产出物的价值补偿定价,并不是对土地综合价值的权利属性的定价。从经济学意义上讲,按照这样的定价方式,地方政府只是补偿了机会成本中很小的一部分,还有大量的机会成本丧失,比如说,地域价值,土地稀缺性形成的增值,以及心理预期形成的价值,这些都没有计算在内。也许有人会说,土地增值的其他部分是政府通过建设形成的环境价值,不属于集体土地本身的增值,也就是说并不是土地成了金土地或者银土地才增值的,是政府做了个规划才升值的,与农民无关。这是一种强词夺理的逻辑。任何商品的增值没有单纯因素导致的增值,都是受环境的影响形成的增值。比如,广告上的明星说了句广告语,听众听到广告之后的确是买了商品,是不是所有的收益都要给明星呢?是不是都要给电视台呢?不是的,他们是按照契约完成的买和卖的交易。我看了广告,我觉得高兴了,我愿意按照某个价格买,那就意味着,商品的所有者按照契约有权利获得这部分收入,至于明星代言、电视台给广告时间,那是商品所有人和其他人的契约,与卖主无关。

农村土地世代由农民耕种,在民国及以前时期,解放后土改到农业合作社成立之前,有土地的农民或者地主都是土地交易价格的决策者。土地产权的交易主体是唯一的,土地产权是没有再分化的。农业合作社成立以后到

1978年土地承包制实施之前，除了宅基地以外的农村土地是归集体所有的，土地产权也是唯一的，也很明晰，当然，这个时期宅基地的土地所有权出于历史的原因并没有明确界定，但是农村宅基地大多数是继承祖业，宅基地的买卖依然按照传统方式以家庭个人财产的形式完成交易。改革开放以后，农村实施土地承包制，农村土地的产权发生了分化，农民是土地使用权主体，根据土地承包合同享有土地承包期内的土地使用权。农村集体组织获得土地所有权，按照国家法律形成所有权功能。这样，农村土地产权两个主体的时代开始了。经历了改革开放40年，农民意识里的土地产权已经变为"土地是我的，但是土地交易我不能做主"的概念。按照《土地管理法》和《农村土地承包法》，土地征收的标准是按照土地产出的价值乘以一定的年限。比如，土地转让时计算土地转让价格，只能计算我土地上产出的玉米、土豆的价值，乘上20年或30年的时间，这就是获得补偿的全部价值，注意，这不是农民拿到手的价值，还有村委会参与。

本质上讲，地方政府是城市土地的谈判主体，是管家和代言人，村委会成了农村土地的谈判主体，是管家和代言人。

城市土地没有像农村土地那样被承包下去，因此管理城市土地的政府对破产企业的地块或者某个被撤并的学校、研究单位的土地按照市场上"谁出得多谁拿走"的传统获取了城市土地使用权出售的收益，已出售的城市土地使用权的期限为70年。农村集体的土地管家没有这么气派，原因在于农村土地实际的使用者是农户。想从农户手里把原来通过土地承包分出去的权利和利益收回来不容易。村委会纵然跟城市地方政府相对于各自土地似乎都是同等称谓的管家身份，却有天壤之别的权利。

按照法律规定，农村土地是集体的，也就是集体拥有所有权，这个集体里的农民只不过获得了"长久"使用权。因此，土地卖出去了，"集体"有法定的权利与农民来分配这部分的收益。

村委会代行管家的职能在这里体现得淋漓尽致。根据统计数据，所有农村集体土地出让以后的收益，90%以上的村委会按照某种比例与村民分配收益。当然这种分配有很多种形式，有的是通过村民大会形式上获得的权利，有的根本是独断专行的结果，有些甚至是不透明下的猫腻行为。

即便我们非常清楚地知道土地转性出让产权的价值本身被低估了，但就是这些被低估的价值依然没有完全，甚至说农民只分享了很小一部分收益。

让农民对土地如同其他阶层对普通财产一样，可以吗？当然可以，但必须使农民与其他任何职业一样处于同样的福利体系内才可以。当农业的产出效率和农业生产的价值尚未和其他产业具有均等的回报率的时候，留在这个产业的农民将是缺少创造力和技术的人力资源。就如同俗话所讲，除了会种地别的什么都不会来。而传统的农业已经无法让土地使用者通过土地经营获取社会的平均利润的时候，这个产业就必须变化了。此时，大量拥有技术和人力资源的农民开始离开土地进入其他产业。但是，土地能不能作为资产变现让农民能够以这个财产为依托去城里获取基本的生活条件是政府需要考虑的问题。这就是社会福利的覆盖。

不管中国农村的差异有多么大，社会福利的火光应该照亮并温暖每个角落。现在看来，中国现阶段的福利是分割的，农民的社会保障是土地，城市的居民是政府提供各种社会保险，西方国家没有户籍制度，每个人依据其身份证号（社会福利号）享受同等的基本社会福利。

中国的农民因为以土地为福利的供给来源，区别于其他阶层中不同职业的政府福利供给来源。这是农民阶层化的一个主要原因。每个纳税人在国家法律税收体系下，应该享有同等的社会福利。

四　关于谁是农民的问题

农民土地矛盾的主要原因是土地产权边界不清晰。即便是"三权分置"之后，农民的土地产权边界仍然不是最清晰的。在制度经济学里，有科斯三大定理。其中第三定理尤为重要，他讲道："因为交易费用的存在，不同的权利界定和分配，则会带来不同效益的资源配置，所以产权制度的设置是优化资源配置的基础（达到帕累托最优）。"农民的土地产权是所有土地产权中最不明晰的，因此以不明晰的产权设置的制度必然也是缺乏执行力的。下面分几个方面来说明这个问题的存在。

1. 农民、集体与户籍的问题

这是一个老生常谈的话题。谈论这个话题的文章，研究这个问题的论文在中国已经多如牛毛。

户籍本身不是问题，户籍实际上是一种身份登记制度，西方国家也有公民一出生就登记公民信息的制度。户籍不是问题，问题是户籍的福利化特征使户籍成了社会成员身份与福利分配差异的藩篱。户籍登记首先是身份证明，这是最基本的功能，其次是社会福利的依附，这是第二功能。按道理，户籍制度这两种功能我们都是认可的。但是，问题就处在福利通过户籍的差异化进行了区隔。在城镇化过程中市民身份的获得本是一种人口流动的自然记录，但是城市福利与农村福利的差异化，将这种自然记录进行了身份和福利差异的对接。这间接证明农民福利的低下和城市福利的完善。

城市居民的界定和城市管理者管理城市的方式就是区隔化，城市政府将原来不属于自己的居民和现在属于自己的居民分割开来。一方面这会减少原有城市居民对福利摊薄的担忧和抱怨，另一方面也会减少城市管理者的管理责任和事务。哪怕城市需要外来人员的服务，那尽可能地获取其对城市的贡献，减少城市对外来人员的责任和福利的给予。城市对农民工的管理心态是市民区域化心态下的一种表现。获取城市居民资格成为一种奢侈的福利待遇。这说明城市居民的福利待遇比农村居民的福利要好。

城市居民的高福利来源于城市是优质资源的聚集地。资源的聚集具有形成高回报的规模效益基础。城市人口的高聚集状态就是有高回报资源的趋利性行为结果。以上学为例，中国的大学大多在大城市，大城市和大学好像是天然的生态系统的配搭，因为中国的大学除了承载教育的职能，还要将员工和学生的生活职能一并承担，在城市里，大学可以集中使用城市资源，比如交通、水电、垃圾处理，而在农村，大学运行的成本可能要高许多。这导致中国的大学集中在大城市。但是户籍关系及城镇化进程的限制导致农民并没有条件快速完成身份转换。因此，随着大量劳动力外移，身份与土地的黏着关系导致土地撂荒现象出现，并趋于严重。

随着2006年国家取消农业税，农业经营出现了短期的恢复，但是农业与其他产业投入产出效率的差异导致的农民外流并没有减少，中国城镇化的加速也开始给农民转换身份提供了机会。户籍制度的放开降低了农民进入城市获取合法身份的藩篱。此时，中国特色的农民工队伍出现了分化。候鸟式的农民工大多数属于中年及以上的农民工，他们对故土的感情比较深，父母年龄较大，另外其劳动技能相对缺乏，导致他们像候鸟一样在农闲时出来在城市获得短期就业机会，在农忙时又返回农村从事农业生产。当然，随着农业机械化的普及和推进，农村需要壮劳力回家秋收和麦收的情况越来越少，这个群体的农民工呈逐渐减少的趋势。

再就是农民工二代，他们跟随父母在城市学习和工作多年，对城市环境的熟悉程度远远高于农村，即便没有获得很高的学历，由于对父母所从事的职业以及城市环境的了解，很容易在城市获得就业机会，这部分农民工二代从本质上已经融入了城市产业，但是其户籍关系和身份还没有改变。如果城市福利能够覆盖到这部分群体身上，其最终脱离农业居民身份是早晚的事。

因此，随着我国社会福利的进一步一体化，这部分农民工的城镇化是最容易完成的，他们也是我国城镇化的主力。同时，由于这部分农民工已经具有在城市长期生存的能力，其对农业经营反而更加陌生，其对土地感情比较淡漠，但是出于对土地财产性增值的期望，其对土地的流转更具有倾向性。这部分农村土地承包主体的土地是最容易与其他资本进行结合、城乡融合的。

2.农民个体（家庭户）的真实土地产权

从历史角度分析，新中国成立前中国共产党为了凝聚农民的向心力，提出耕者有其田的制度，这是有章可循的，迅速获得农民的拥护，通过走"农村包围城市"的革命道路获得了政权。在新中国成立初期，通过《中国土地法大纲》将土地平分给了农民。随后，在1956年底完成了城市社会主义改造之后，中国共产党发现农村的土地制度并没有改变中国几千年来的农业经营模式，历史上封建王朝的土地制度证明这种模式是不能迅速提高农业效率的，也不可能体现社会主义的优越性。

因此，中国共产党开始对农村土地进行初级社、高级社甚至人民公社改造。查阅历史资料，我们会发现农民入社是自愿的，并不是强迫的，当然，在大环境下，每个人都无法改变社会环境和潮流，笔者也向来不认为中国共产党分地和收地是一种手段，当时党和国家的目标也是希望能够有一个迅速超越任何制度的国家管理绩效，这是完全可以理解的。从新中国成立初期的"分地"到高级社的"收地"，前前后后不过七八年的时间，土地从农民的手里转给了农民尚不熟悉的"集体"。这个阶段，正是土地产权从清晰到模糊的开始。农村土地私有产权到共有产权，"分田分地真忙"的景象变成了"交田交地真忙"。产权的界限在这两个"真忙"中发生了巨变。

从1958年到1978年，20年的集体土地所有制的运营之后，中国农村的土地又开始了新的变革，那就是又从集体所有转变为集体与个体的对土地所有权的分割。农村土地家庭联产承包责任制的实施，是对土地私有产权和土地公有产权的一次重新界定。虚化的土地所有权给政府作为代理人的机会，土地的集体所有权利的拥有者具有非常确定的终极权利，将土地的使用权以"承包"的形式分给农民家庭，完成名义上的土地产权的分割。虽然，在当时并没有科斯的产权制度指引农村土地的改革，但客观上是对农村土地产权束的一次划分。但是，这次对农村土地权利束的划分是不彻底和模糊的。农村土地产权束里的所有权和土地使用权的使用对象既有明确的部分又有模糊的部分，比如，当农村土地的使用权与土地所有权发生矛盾时，对两种权利的地位和利益分配如何处置并没有界定。所以说，农村土地使用权的权限与土地所有权的权限关系界定是存在纰漏的。

集体土地所有权，在法律上归属全体村民，全体村民是不具有任何权力行使意义的整体，甚至根本称不上一个组织，只是一个个体组合。因此，土地所有权被地方政府和其代理人村委会实际掌控，代行农村土地终极所有权的所有权利。农民的土地使用权（承包权）在延长了30年后，现在已经被界定为长久，注意：并不是永久。但长久与永久如何区别又是非常模糊的。如果将承包权确定为永远的权利，那实际上相当于弱化了所有权，实化了使用权。问题是，并不是这样，因为权利的界定在所有权和使用权之间是不清晰的，极容易出现所有权侵犯使用权的情况。现举例说明。

比如，按照现在的"三权分置"的办法已经确定土地所有权归集体，使用权归农民家庭户，经营权归经营者。似乎很明确，但是细想起来，我们依然弄不清其权属关系及权属内容。2016年10月中共中央办公厅、国务院办公厅印发《关于完善农村土地所有权承包权经营权分置办法的意见》对"三权"的界限和主体的界定仍有不清晰之处。即便后来又有国务院对该政策的解读，但并没有解读出权限，每个主体与另外主体间的关系与权属界限依然不甚了了。

比如，集体所有权，首先要界定所有权的主体"集体"是谁。按照《村民委员会组织法》的规定，要求建立健全集体组织民主议事的机制，切实保障集体成员的知情权、监督权、决策权，确保农民集体有效行使集体土地的所有权，防止少数人私相授受，谋取私利。集体组织是什么？集体成员不就是全体村民吗？农民集体又不是一个组织，如何形成集体土地的所有权呢？因为它要承担的职能非常重要，要知情，要监督，要决策，要确保是集体行使所有权。

虽然在意见里明确规定不许虚置集体所有权，可是这个集体根本就不具有法人的资格，这导致村委会和地方政府有可能乘虚而入攫取控制权。与其如此，倒不如把这些权利明确地界定给政府或者村委会，况且土地所有权的实际知情、监督和决策最终受到各种法律法规的制约，已经界定给了主体，没必要再多此一举。虚化就虚化，把所有权的每个权属虚化到集体，就必然实化到政府部门，比如国家的土地部门、环境部门，村委会的协调部门。

这样的结果就是农村土地的所有权真的不是集体的，是国家的了。怕什么呢？城市的土地都是国家的了，农村土地是国家的怎么了？只要能保证农民拥有长久承包权就可以。所以，在土地所有权方面，完全可以国有化，这比虚化的集体要有效率得多。

前文说到农村土地也可以国有化，最重要的前提是农民在确权后真正拥有土地使用权。土地的所有权是《宪法》和《土地管理法》界定的虚化的集体的。农民拥有的是确权后的长久的使用权，甚至是永久的使用权，在国家法律法规界定的范围内，长久的或永久的土地使用权主体就可以将土地以财产交易的形式进行流转。政府部门依照《宪法》和《土地管理法》保证土地的性质和土地用途不发生改变，至于土地到底是城里人种还是乡下人种，就没有那么重要了。

"两权分立"表述如下。国家界定土地管理部门拥有土地使用的监督权，保证土地的性质不发生改变或者依照法规发生改变。村委会是农民的自治与服务机构，土地确权以后不再拥有任何对土地处理的权利，只有协调的权利。土地集体所有不变，但是集体这个主体界定为村域范围内的土地使用用途和交易的监管机构。其所有权利的行使为土地法律规定的政府部门委托的权利内容。农民可以在国家法律范围内将土地以财产权的形式进行自由交易。其土地使用权的交易对象没有必要限制其身份，一个公务员也可以做农民，只要他愿意，他可以购买土地去经营。当然也可以以土地的交易价值进行入股和投资。

农村土地的使用权与经营权，本来就是无法分开的，经营是使用权的一种表达形式而已，或者说一个主体有意向经营土地，其必须获得土地使用权，可以是全部也可以是部分的使用权，这完全由交易双方自由确定。就如同某人有一辆自行车，他可以将其出租，也可以卖出去，也可以自用。不管怎样使用这辆自行车，必须遵守国家的法律和法规，比如，自行车不能改装，只能走非机动车道，除此之外别无限制。如果说，还有个自行车协会，那么这个协会是个自治组织，只是负责为自行车拥有者提供自行车使用的便利和行使监督的权利。权利界定的边界清晰是指权利之间的关系是清晰的。至于自行车的经营权，自行车的使用权所有人当然可以将自行车出租出去，时间可以签个协议自定。

土地确权是件好事，但是确权的同时也要将权利的明细说清楚，让农民知道土地是自己的了，关键是怎么让自己的土地进行配置更有价值。土地确权后，要给土地使用权人一个权利明细。农民的使用权也就是承包权具有了财产性质，既然具有了财产性质那么就涉及财产的所有权问题，通过相关文件的分析会发现，农民可以以承包的土地抵押和入股，这已经明显具有私有财产的性质。不论我们如何界定土地所有权和使用权，土地承包权的长久化（其实就是永久化，"减人不减地，增人不增地"不就是永久化的产权模式吗？），必然让土地集体所有权虚化，因为土地所有者所谓监管和决策职能又与国家各土地管理部门的职能相重复。

本质上讲,土地承包权的永久化、土地承包权表现的财产权利化就已经印证了土地私权权能的性质。就如同城市建设用地尤其是住房建设用地是70年的使用期。目前来看,城市建设用地的使用期的自动延长已经毫无悬念,关键问题是是否需要再收土地的使用费。综合考虑住房建设用地的使用费的征收成本以及征收导致的社会矛盾,城市住房建设用地70年后单独征收土地使用费的可能性不大。唯一有可能的是,在房产持有税开征以后,将其中的一部分包含在这个税种里。非常明确的是,城市住房用地土地使用权必然也是长久的,与农地的区别就是土地是不是再缴纳使用费而已。2006年取消农业税,实际上意味着农业土地的使用费征收已经终止。

那么,很明显,在"三权分置"制度的设计下,农民的土地与城市居民的住房用地本质没有什么两样,都是财产权的一种表示。

3. 农民的职业与阶层问题

农民的土地在确权以后,农民就应该是拥有土地资源的自雇职业。当农民将土地转租或者转卖给别人的时候,那么农民的职业身份必然也随着其依赖的福利来源的改变而改变。比如,农民出去打工,雇用他的企业必然要按照社会福利规定给予他与没有农地的人一样的待遇。农村土地不应该是区别对待的符号。农民有地就如同市民有房子一样,只不过,这个农民比市民可能多了这样一种性质的财产。农民只要获得了非自我的雇用就不应该再叫农民,也不应该叫农民工,农民被企业雇用,不管有没有土地都应该叫工人或者其他什么称谓,甚至也有可能是公务员。"农民工"是一个畸形社会福利体系下的称谓和歧视性的阶层划分的符号。

为什么没有"工人农"呢?为什么没有"教师农"呢?为什么没有"公务员农"呢?为什么没有"研究员农"呢?因为农民被歧视地界定为社会的最底层,当有了可以获得某个阶层的一点点小福利的时候,农民的后缀就有了这么个装饰,骨子里,这个名词暗含农民当一辈子工人也不是工人的含义。所以,农民将耕种土地作为自有财产来完成自雇,如同个体户一样的,其实是一个微型的企业,政府只需要按照社会通常的福利体系覆盖他们就是了。

既然如此,那么允许农民自由地将自己的土地出租、买卖就没有什么讲不通的了。至于担心失去土地的农民会成为流民,会成为贫民区的贫民,如果有公平平等的社会福利体系覆盖他们,那么这个担心就是多余的。因为,土地转移的财产可以作为其丧失自雇资格的一种资金储备由社会福利体系进行一定程度的抽成,变成其享受的失业保险、医疗保险等的一部分,也可以作为失地农民的职业和技能培训的储备金。有了这样的安排,农民没有了土地,那就由国家给他们创造重新被各产业雇用的机会,包括农业,毕竟这个环境是他们最熟悉的。当然,随着社会发展,其他产业对服务人员的需求也会给他们在交易土地以后提供机会,这就需要有一个社会福利体系进行农民土地福利丧失后的对接。

4. "三权分置"下的集体与农户

"三权分置"的核心思想是将农村土地的所有权、使用权和经营权分别界定给不同主体。

赋予农村土地财产权与城市土地"同地同权",这个呼声现在非常高,国家也正在考虑制定相应的政策,但仍然处于试点阶段。赋予农村土地与城市土地同等的财产权是土地市场化交易的必然要求。城市土地已经市场化交易了,那么,赋予农村土地同样产权地位并不是什么难事。关键的问题是,要坚持农村土地在集体所有制下,对农民土地处置的权利的保障机制要健全,如果能够再建立起透明公平的土地交易机制,农村土地资源就能够与其他的资本结合形成最优生产模式,达到"帕累托"最优不是什么难事。

笔者向来认为农村集体土地所有权是实际意义的虚化,是保留形式上主体地位，实际上农村集体土地只要涉及所有权变更都有相关的法律和部门进行管理。政府将农村土地所有权的一些实体权利进行了分割，甚至是分割了一大部分。我国《宪法》和其他与农村土地相关的法律法规，赋予了政府土地监管部门足够的监管权能，比如土地性质改变必须国务院批准，土地的数量和质量由自然资源部监控，农村土地本村流转由村委会登记。可见，农村集体组织作为农村土地所有权的主体是一个相对比较"虚"的主体，其土地权利已经分化。

农村土地现在还不具有与城市土地同样的产权地位。一旦赋予其同等产权地位，那么意味着，当土地进行交易的时候，土地三种权力要参与分配土地增值收益，其增值收益的划分标准是土地财产权体现的依据。

农村土地的性质和面积是不允许轻易改变的，也就是我们经常说的"红线"是不能碰的。在"三权分置"下，法律规定所有权是集体的。我们究竟给所有权主体以何种财产权呢？从现有的农村土地所有权的权利内容来看，只要土地使用者按照法律规定进行土地使用权的交易，其所有权的权属不涉及财产收益问题。因为，土地所有权基本是对土地性质和土地用途的规定。这些在土地使用权交易中并不产生收益。

农村土地产权中的使用权、收益权和部分处置权（由于土地性质等按照法律不可更改，因此其处置权是部分的）可以通过承包权的形式获得，土地的经营权是使用权的衍生权利，可以附着在使用权上，也可以将这部分权利转让出去，这也就是"三权分置"的第三种权利。本质上讲，笔者认为这个权利没必要单独提出来。"三权分置"的本质是两权，经营权是转让使用权后的自然附带。

现在的问题是，因为集体拥有所有权，那么当土地的使用者主体发生改变的时候，如何赋予集体对新使用权主体的权利关系？这是现在尚未解决的问题，主要包括以下内容。

第一，谁具有农村土地的经营权，即经营权转让的对象是谁？在没有赋予土地财产权的时候，土地的转让基本都是在农户间进行的。同村农户占大部分，个别有外村、外乡，甚至外省农民承包，但基本都是农民之间的土地承包期内的使用权交易。当土地被赋予财产权以后，土地的交易主体可不可以让所有中华人民共和国公民和法人来经营土地呢？也就是说允许不允许公司、城市居民来获得土地？从"三权分置"的主旨来看，土地的经营权是可以转让的，并没有限定转让对象的性质。其实，土地经营权是黏着在土地的使用权上的，经营权的权属性质是获益。

随着社会福利的城乡一体化，土地的"同地同权"的定位就决定了土地经营权（土地使用权的一部分）可以在不同性质主体、多主体之间转让交易。因为，土地的农民福利属性已经被社会福利所替代。举例来说，当农民将土地使用权通过交易市场交易出去以后，农民可以用土地收益购买城市房产，农民自然就会成为市民。当然，城市居民也可以通过土地交易市场获取土地经营权进行经营，因为土地的同地同权，其增值部分是市场化的，其收益的主体是使用权实际主体，而不是所有权主体。这就意味着农村集体在土地确权后，尤其是同地同权以后，使用权主体是不应该具有限制土地经营主体转化职能的。所有的公民、法人甚至是外国经营者都是可以通过交易获取土地使用权来经营土地的。农民的福利障碍、农民的身份障碍（土地的黏着性）、农民的交易障碍的去除将为土地资源的流动提供巨大的润滑作用。

那时的集体内成员发生变化的频率比现在更加迅速，比例更高，正是因为集体是一个形式上虚位，受政府委托具有土地实际代理人职责的组织，这并不妨碍土地使用权主体更换。目前，土地确权以后就已经具有交易功能之一。权属明确了才可以交易。集体更加注重土地的性质、土地质量、对土地面积的监控职能，其经营权主体的属性就变得无意义了。

这样做的好处是，土地增值收益强的企业和技术就会随着土地使用权的无障碍转移而顺利与土地结合。可以设想一下，一块土地由原村民经营每亩地的收益为一年1000元，而某一企业经营该土地，尤其是可以兼并后集约化经营其收益是每亩地一年2000元，通过市场化交易，确定交易价格为40000元/亩，获得40年的经营权，对于农民而言其获得土地成本是零，是通过土地确权获得的。因此，农民获得的是无本收益，而企业获得土地后20年就可以收回全部成本，其后是纯收益。当然，土地经营效益越高，其收回成本的时间越短。农民通过获取的交易收益，可以在城市获取相应的地产，当然也可以在现有企业内得到工作。

看起来，这样的交易好像没有集体什么事，集体没有收益，但是其职能不是收益职能，是监管和管理职能。作为公有土地的所有者主体代表政府获取农业企业的税收，这也是一种收益形式。当然，也可以通过农业支持政策在某个时段内不征收农业企业税收，但这目的是孵化农业企业，一旦农业企业孵化成功，其具有税收贡献。这体现了集体的收益，是一种未来的收益形式。

在"三权分置"下，集体所有权主体虚化，但是代行主体权利的政府职能部门及村委会的权利并没有虚化。这个集体不会像城市土地所有权的代行者有天然的逐利倾向，不会再有土地财政。

第二，关于宅基地呢？

其实，宅基地及其他农村建设用地才是真正的"同地同权"的重点。宅基地的"三权分置"与生产性土地有很大不同，宅基地属于建设用地，按照现有的农村土地的法律法规，农村建设用地是可以以公共利益为目的进行征用的，其实就是变性（改变土地性质），这里面有个巨大的问题就是，公共利益是一个很难详细界定的属性。比如，按照规划，城郊建设大型商业中心既可以算公共利益，也可以不算公共利益。现在看来，大部分农村建设用地基本是按照公共利益征收的。征收之后，如果用于商业开发再进行"招拍挂"。其实，所有的商业地产获取土地的前提都是地方政府首先取得土地的控制权。城市建设用地的供给者只有政府一个角色。当前自然资源部提出来建设用地的多角色的机制。2018年1月15日国土资源部（现自然资源部）部长姜大明提出，要探索农村集体建设用地的"三权分置"的"三权"是"所有权""资格权""使用权"，将农村闲置的宅基地资源激活。这只是自然资源部领导的一个讲话，因此看来，这也是一个可能的方向，但是很清楚，农村宅基地的所有权人和使用权人也开始要具有财产的增值资历和机会了。

按照现有法律法规的规定，农村的宅基地属于集体所有，农村每户家庭只能拥有一定面积的一处宅基地，其他的宅基地是要收回的。但是，在传统上，中国农村的宅基地都是祖宅下的宅基，甚至祖祖辈辈传承了上百年，政府要通过一两部法律就将一个家族的超过规定的宅基地收回肯定是有一定难度的。而且，随着城镇化进程的加快，农村宅基地人户分离现象越来越多。宅基地的强制收回是不现实的。

在已经完成的农村宅基地确权的基础上，通过政策引导和宅基地使用权市场建设完成农村宅基地交易流转倒是现实的。按照国土资源部部长2018年1月15号的讲话精神，所谓的宅基地的所有权不存在争议，肯定是农村集体的，其表现的虚化形式、实化主体跟农村其他类土地没什么区别。使用权也很清楚，因为在确权以后，宅基地的使用权的主体是最明确的。那么有争议的就是这个资格权了，笔者理解这里的资格权有这么几个含义。

首先，谁有供应的资格？以前，所有的在农村建设用地上建设的租赁和对外销售的住房都是非法的"小产权房"，只要是带有"集体"前缀的建设用地都是没有资格成为住房用地的。

农村宅基地主体可分为如下几类。

第一类，自有宅基地的主体，这类宅基地确权后以自住为主，或者兼以经营，主要为在城市郊区和旅游景区的"农家乐""渔家乐"等，其经营用房本身又是家庭居住用房，合而为一。确权后，宅基地和住房都由原房主继续使用经营。

第二类，经过土地整理、土地置换，新近获得宅基地使用权的主体。已经举家迁往城市的宅基地使用者可以通过市场化交易，将宅基地的使用权转给其他主体。这里面就涉及谁有这个接盘者资格。按照2018年国土资源部的说法，城市居民及法人是没有资格获得的。笔者认为，只要合乎国家规划，既然"同地同权"，任何个体、企业都可以有资格获得这种土地的使用权，按照国家的规划进行审批建设就应该被允许。只要保证土地交易的透明化和市场化，国家真正保证市场中的公平交易就可以了。比如，一个农村的三口之家，儿子考上大学落户城市，父母年龄大了以后，考虑在儿子所在城市购买住房养老或者去该城市养老院养老，那么通过出卖自己的宅基地的使用权、住房的所有权获取交易收益，之后，在儿子所在城市购买养老住房或者养老服务，完全是可行的。通过这种方式来盘活空心村的宅基地土地资源被证明是成功的，如果今后宅基地的使用权能够通过规范化的市场交易完成升值，那么城镇化的进程必将加快。

第三类，撤乡并村的全部农村住户的宅基地使用权主体。这种土地所有权主体是集体，使用权主体是集体内的家庭户。据报道，有的农村由于年轻人全部出去打工，全部留守的都是妇女、儿童和老人。按照国外的伦理逻辑这是不符合人性的。儿童的监护权应该天然地由父母行使。目前看，这种状态导致留守儿童受伤害的情况非常普遍。如果农村的土地能够有足够的交易市场完成市场化的交易，土地的增值部分能够真正归属农民，那么在去除了户籍制度影响人口迁移的藩篱后，政府在落户和儿童上学上再给予引导和辅助，老人集中养老或者跟随子辈养老的问题解决后，农村宅基地整体规模化的交易与乡村撤并规划相结合对推动城镇化进程更有积极作用。

在现有《土地管理法》下，农村宅基地以外建设的非自用的商住房房产都是非法房产，这就是"小产权房"的渊源。政府是唯一的城市住房的土地供应者，所有的农村集体建设用地必须先被征用，转性为国有土地。现在，如果允许在农村建设用地上建设住房，那么显然首先改变的是"小产权房"的非法性，今后就可能不再有"小产权房"的称谓。"集体"的土地真的跟"国有"土地平权了。但从现有的政策及政府的探索方向来看，现有的"小产权房"要想转正也不容易，因为所有的"小产权房"是在没有任何审批和规划的状态下建设的，要想"洗白"，必须确定标准，对符合规划标准的可以"洗白"，不符合规划标准的依然是非法的。同时，使农村集体组织与城市政府成为同等的供地资格主体，这必然会彻底解决今后的"小产权房"的问题，也就是"小产权房"只会有存量不会再有增量。

其次，谁有建设的资格？要建设就要有规划，农村的规划要根据乡镇的规划，乡镇的规划要依据县市的规划，县市的规划要依据省级的规划，省级的规划要依据国家的规划。一句话，没有规划就不可能有建设。按照城乡发展的规划，撤乡并村是城镇化的必然选择。农村建设用地供应者是集体，建设者可能是家庭户，也可以是土地流转后新的主体，如企业，但是只要符合国家农村发展战略的规划，就应该具有开发建设的资格。当然，一家一户的宅基地进行开发建设可能更没有效率和质量保证，国家应该尽快出台关于农村建设用地的建设主体资格要求的规范。

第三节　中国农业与农村的改革之路

中国农业与农村改革既不能完全照抄西方发达国家的模式，也不能不借鉴发达国家农业发展的经验。因此，我们的农业与农村的改革应该是既具有中国特色，同时也取各国之长。

一 中国农村区域差异明显

其一，各地人均耕地面积差异较大。虽然我国的国土面积位居世界第三，但是可用于农业生产的土地面积少。从全国看，我国现有耕地为19.5亿亩（用占世界7%的耕地养活着占世界22%的人口），人均为1.59亩，仅有世界平均水平（3.75亩）的42%。人均耕地面积少于1亩的省级行政单位有7个。在2800多个县级行政单位中，人均耕地面积低于联合国粮农组织所确定的0.8亩警戒线的有666个，占总数的23.7%，低于0.5亩的有463个，占16.5%。不仅如此，我国地区间的差异也很大。东北地区的人均耕地面积约为2.97亩，约是国家平均水平的两倍。西部地区文盲人口比例最高，达15.21%，几乎是东北地区的3倍。GDP中第二产业所占的比例以东部地区为最高（52%），西部地区最低（43%），而第一产业所占的比例西部地区最高（18%），东部地区最低（8%）。东部地区铁路和公路的路网密度（每万平方公里内的路线长度）几乎是西部地区的5倍。东部地区的经济密度（每平方公里的GDP）为1200万元，是西部地区的24倍。比较明显的省际差异有：1990—2005年，农村人口急剧减少的省份主要是上海和江苏，分别减少了49.6%和30.3%，而在新疆、云南和陕西农村人口在这期间分别增加了52.9%、29.6%和28.7%；1978—2005年，贵州、云南和陕西的城乡收入差距扩大了70%以上，而这期间天津和山东这一差距分别缩小了30.5%和20%。[①]

其二，农村贫困差异。逐步缩小贫困地区和非贫困地区之间的差距是新农村建设的重要任务之一。

国家统计局2018年2月1日发布数据，据对全国31个省区市16万户居

---

① 《区域差异、贫困差异、土地利用》，中国科学院地理科学与资源研究所，http://www.igsnrr.ac.cn/kxcb/dlyzykpyd/qybl/200801/t20080102_2113945.html。

民家庭的抽样调查,按现行国家农村贫困标准测算,2017年末,全国农村贫困人口为3046万人,比上年末减少1289万人;贫困发生率为3.1%,比上年末下降1.4个百分点。党的十八大以来,全国农村贫困人口累计减少6853万人。截至2017年末,全国农村贫困人口从2012年末的9899万人减少至3046万人,累计减少6853万人;贫困发生率从2012年末的10.2%下降至3.1%,累计下降7.1个百分点。与此同时,贫困地区农村居民收入加快增长。全国农村贫困监测调查显示,2017年,贫困地区农村居民人均可支配收入为9377元,按可比口径计算,比上年增加894元,名义增长10.5%,扣除价格因素,实际增长9.1%,实际增速比上年快0.7个百分点,比全国农村平均水平高1.8个百分点。国家统计局发布的数据显示,党的十八大以来贫困地区农村居民收入年均实际增长10.4%。2013年至2017年,贫困地区农村居民人均可支配收入年均名义增长12.4%,扣除价格因素,年均实际增长10.4%,实际增速比全国农村平均水平高2.5个百分点。2017年贫困地区农村居民人均可支配收入是全国农村平均水平的69.8%,比2012年提高7.7个百分点,与全国农村平均水平的差距进一步缩小。[1] 多数贫困地区受制于严酷的环境条件,如高海拔、土壤贫瘠、草地退化、沙漠化和大规模水土流失导致自然灾害频繁发生。不仅如此,这些贫困地区还普遍存在基础设施缺乏、交通不便、缺水、医疗教育条件差、农业生产率低和非农产业不发达等问题。

其三,农村土地利用问题。改革开放以来,我国的土地利用变化主要体现在与人类生产活动最为密切的土地和城乡建设用地上。一方面是非农建设用地的扩张导致土地面积的减少,另一方面是土地转为能带来更高经济效益的养殖水域和果园。自然资源部数据显示,"十五"期间我国土地面积减少了616万公顷。土地面积的减少及其所带来的环境影响将对食物生产的可

---

[1] 《2017年末我国农村贫困人口减少到3046万人》,百家号,https://baijiahao.baidu.com/s?id=1591181275861706367&wfr=spider&for=pc。

持续性构成严重威胁。如果我国的土地面积按照近期这一速度（123万公顷/年）持续减少并不加以控制的话，"谁来养活中国"这一论断将不再是危言耸听。英国诺丁汉大学当代中国研究所的萨吉森博士在研究中国的农村建房时曾发问：为什么在中国人口稠密的农业高产区农民粗放地使用原本稀缺的土地来建造住宅？农村建房已成为我国农村主要的土地利用问题之一，不容忽视。一方面，农村建房是我国建设用地的主体且近期增长迅猛；另一方面，新增的农村建房不注重珍惜宝贵的土地资源，缺乏科学的村庄规划，"空心村"和闲置宅基地、空置住宅和"一户多宅"现象的出现导致了土地资源的严重浪费。

二 中国农村土地的经营机制

中国农村的土地经营机制是农村土地集体所有下的家庭承包制。1978年十一届三中全会确定下来的土地经营机制就一直没有改变。农村的土地承包已经经历两轮，在十九大报告中，习近平说，深化农村土地制度改革，完善承包地"三权"分置制度。保持土地承包关系稳定并长久不变，第二轮土地承包到期后再延长30年。可见，在今后较长的一段时间内农村的家庭承包制将继续保持。

针对农村土地家庭承包制的评价应该是历史性、客观性的评价。首先实行农村土地承包制之前的三级所有的土地集体经营的模式严重削弱了土地收益对农民的激励作用。客观上，土地的家庭承包极大地释放了生产力。因此，在1978年土地家庭承包制实施以后到1984年，在农业生产技术没有快速提高，农业公共设施没有增加甚至有些被破坏的情况下，单纯农业生产力的释放就使农业的产出保持了持续的增长。1978—1984年农业总产出增长率和年均增长率分别为42.2%和75%，是历史上农业产出增长最快的时期。计量分析表明，这一时期的农业总产出增长，家庭联产承包责任制的贡献最大，贡献率为46.8%，价格体制改革次之。同期农民收入水平有了很大提高，农民人均纯收入从1137元增长到3976元，名义上年均增长率高达17.5%，扣除物价上涨因素后的实际年均增长率为15.1%。可见，土地的家庭承包制对农业发展的贡献并不是由于这种经营机制有多先进，而是对实施了20多年的土地三级所有的集体经营机制的弊端的规避。农业生产力的提升是"补短"的结果，是本来就应该有的农业生产力的恢复。因为，土地家庭经营模式并不是一种创新，两千多年的中国封建社会就是实行农业的家庭经营模式。1978年实行的农村土地的家庭承包制只不过是将小农经济发挥到了极致。小农经济规避了土地集体经营的诸多不足。

首先，小农经济降低交易成本，追求家庭收益最大化，家庭经营容易精耕细作，可以获得完全没有外部监督成本的完全激励收益。在人均土地非常少的条件下，具有高激励动机的劳动力与具有多种禀赋资源的土地能够进行充分的结合。

其次，小农经济符合当时中国农村人口比重高的现实。1978年我国城镇化率仅仅为17.92%，在中国还没有进行城市经济改革，第二、第三产业尚无力为农业劳动力提供就业空间，有8亿多农民的情况下，小农经济在当时无疑是最好的经营模式。

最后，之所以在1984年以后农业产出虽然屡有波动，但是基本上保持增长的态势，主要是因为随着城市经济的改革的开始和深入，第二产业中的化肥工业、农业机械工业以及育种等产业为农业提供了技术支持。通过使用化肥、高产品种、农业机械以及灌溉技术，农业的生产效率一直保持在一个稳步提高的水平。但是，这并不是小农经济带来的收益，1984年以后的农业增长应该主要归功于上述产业发展对农业的贡献。相反，小农经济导致的土地细碎化、土地撂荒等限制了农业增长率的进一步提升。

中国城镇化率随着中国经济的发展有了快速的提升，到2017年中国城镇化率达到了 58.52%。到 2020 年城镇化率达到 60% 应该是可以做到的。但是即便如此，中国农民的绝对数量依然不低，据预测，到 2035 年中国的城镇化率能达到 80%，以 14 亿人口计算，仍旧有 3 亿人口的农民。中国耕地的总体数量如果能够保持 18 亿亩的水平，那么每个农民的可经营的耕地也只有 1.3 亩，相当于人均 0.08 公顷，远远低于世界人均耕地面积。那么，在中国人均耕地数量远远少于世界平均水平，而农民数量比美国等发达国家人口还多的情况下，采用任何不考虑农民生活水平和生存条件的经营方式都是会引起社会骚动的。

在政府在 2006 年已经取消农业税，同时还对农业进行补贴的情况下，农业的产出提高的效率已经达到了天花板，说明小农经济的贡献已经用尽。土地细碎化、农业生产模式单一且效率低下的问题已经存在。据中国科学院中国现代化研究中心发布的《中国现代化报告 2012——农业现代化研究》，尽管我国水稻和小麦单产达到发达国家水平、玉米单产达到中等发达国家水平，但我国农业劳动生产率约为世界平均值的 47%、高收入国家平均值的 2%、美国的 1%。这种局面无论对我国农业发展还是对整个经济增长而言，都是不利的。但是小农经济的劣势已经非常明显。那么既要保证 3 亿多农民的生存生活质量稳步提升，又要保证农业产出效率的提高，只能以家庭承包制为基础，通过城乡融合和产业融合的方式，引导农民进入城市就业，鼓励土地交易以便集约经营，通过创新农业业态达到提升农业产出效率的目标。

三 中国城乡融合和产业融合的思考

一国的经济应该是一体化的，其发展应该是协调的。但是在十九大提出通过城乡融合和产业融合实现乡村振兴战略之前，有必要梳理一下中国城乡发展的差异性和产业发展的非协调性。

城乡发展必须符合一国经济和社会发展的大局。中华人民共和国成立之初百废待兴，中国的城乡发展还处于落后阶段。在西方铁幕及冷战的国际大环境下，只有发展以重工业为基础的国防工业才有可能保住新生的人民共和国。因此，在改革开放以前，中国农业的使命是为工业提供原材料和粮食安全的支撑。二元制的城乡发展模式是适应当时国家安全与发展战略的产业安排。农产品价格的"剪刀差"，农村居民自由迁徙在户籍上的限制，粮食供给制的实施都是国家的一种战略安排，甚至可以说，中国能有今天工业门类齐全的工业体系与当时二元制的城乡发展战略是分不开的。费孝通先生1992年7月6日在香港举行的纪念潘光旦先生学术讲座会上的发言中提到，在20世纪50年代初的三年国民经济恢复时期，我国农村成功地实现土地改革和农业恢复的目标；在第一个五年计划时期，又使农业得以顺利发展，并且引导农民走上合作化道路；但是那时没有发展农村小型工业的政策；由于苏联模式的影响，在"以粮为纲"的口号指导下，农村主要是去搞粮食来支持城市发展大工业。① 可见，农业支持工业是国家发展的战略，通过计划模式统筹安排全国资源，优先发展重工业，通过控制农村人口城镇化，在粮食产量比较低的情况下，以配给制、低粮价的方式将利润留在工业领域，完成工业积累，以迅速完成中国的工业体系建设。在十几年之后，中国就能够发射卫星和制造出原子弹，与那个时期正确的城乡发展战略不无关系。因此，在新中国成立后，改革开放前实施的二元制的城乡发展战略也是一种"城乡融合"战略，是符合当时国内国际政治经济环境的"城乡融合"战略，这个战略就是用降低农业积累支持工业积累，用减少农民福利保证城乡基本福利的方式迅速完成中国工业化进程。欧洲工业化初期，在集中于都市里的机器工业兴起的同时，农村也都濒于破产，农民失去土地，不得不背井离乡涌进城市，充当新兴工业的劳动后备军。西方国家现代工业的成长是以农村的萧条

---

① 费孝通1992年7月6日在香港举行的纪念潘光旦先生学术讲座会上的发言。

和崩溃为代价的，这是西方工业化的道路。欧洲实现工业社会的过程，工业与农业的发展也不是齐头并进的。

因此，一味地批判二元制的城乡发展战略就是对现实社会条件的忽略，是想当然的思维。作为拥有10亿人口的大国，在当时城市经济尚不发达的情况下，不可想象，任由大量农民进入城市成为无业游民。因此，在当时的情况下，采用非市场的限制手段，阻止农民进城，是工业发展优先战略的必然结果，是国家集中资源发展重要产业的要求。在这个过程中，必然要剥夺农民自由迁徙的权利。我们不能用西方的完全市场化的理论来看待二元制的城乡发展历程。当然，也可以设想，如果采用产业自由发展的战略，那么工业发展肯定无法达到短期内工业门类齐全的水平。甚至，中国经济尚未发展起来就已经被西方国家围堵而死，何谈以后的发展问题。

当然，也不能否认，农村实行的"一大二公"、三级所有、队为基础、资源由公社集中调配存在问题和不足，对农民生产积极性的影响是不言而喻的。因此，才出现了1978年的改革开放之初首先在农村开始的改革设计。不仅中国在工业化之初是这样，欧洲国家也是如此，在欧洲工业革命之初，欧洲农民也出现了大量破产现象，农村凋敝，大量农民进入城市成为新兴工业的后备军。工业发展之初的欧洲各国的农民也被"剪了一次羊毛"。中国用短短二三十年的时间完成了工业化的构建，没有当时二元制的城乡发展战略是不可能做到的。学术界对二元制的城乡发展战略多有诟病，主要是因为它限制了城乡要素的自由流动，这是客观的，但是必须统筹考虑当时国家发展的需要。以国家政治经济的发展为总目标来看，改革开放之前的二元制的城乡发展战略也是协调的，即便农业与农村在二元制下发展受到了抑制，但是总体上符合国家优先发展重工业的战略。因此，它是一种非市场经济的融合，是一种强制的融合。

当然，这种"城乡融合"在工业发展到一定水平，经济发展到一定阶段，就必须考虑调整。改革开放就是对这个战略的调整，需要用一种新的城乡融合战略替代原有的城乡融合战略。从1978年的改革开放到现在，"三农"问题一直是国家考虑的重点问题，中央一号文件的发布的数量就可以体现对农业问题重视的程度。所谓"中央一号文件"原指中共中央每年发布的第一份文件，现在已经成为中共中央重视农村问题的专有名词。中共中央从1982年至1986年连续五年发布以农业、农村和农民为主题的中央一号文件，对农村改革和农业发展做出具体部署。2004年至2014年又连续十一年发布以"三农"（农业、农村、农民）为主题的中央一号文件，强调了"三农"问题在中国的社会主义现代化时期处于"重中之重"的地位。2013年中央一号文件提出，鼓励和支持承包土地向专业大户、家庭农场、农民合作社流转。其中，"家庭农场"的概念是首次在中央一号文件中出现。2014年中央一号文件确定，进一步解放思想，稳中求进，改革创新，坚决破除体制机制弊端，坚持农业基础地位不动摇，加快推进农业现代化。到2018年中央发布"乡村振兴"战略的一号文件，总共已经有20个关于农村问题的一号文件了。这20个中央一号文件都是以"三农"问题为中心，尤其是近几年中央一号文件更加强调城乡协调发展和产业融合发展的问题。

以乡村振兴战略为引导的农业农村改革之路。2018年中央一号文件提出了城乡融合发展的思路，提出"坚决破除体制机制弊端，使市场在资源配置中起决定性作用，更好发挥政府作用，推动城乡要素自由流动、平等交换，推动新型工业化、信息化、城镇化、农业现代化同步发展，加快形成工农互促、城乡互补、全面融合、共同繁荣的新型工农城乡关系"。

所谓的破除体制机制弊端，就是对现有的农业农村体制机制进行梳理，弄清现有的体制机制有哪些，都是什么类型的体制机制。目前看，主要表现为城乡土地产权的流动与交易机制，劳动力要素资源的流动机制，资本进入农业的管理机制，农村居民的福利机制，农业企业形成与保护机制，农业技术与农业机械的应用机制，农田水利设施的发展机制，农民利益的保护机制。关于体制主要是设计政府在管理方面的体制安排。这些机制的运行原则是要让市场起决定作用。政府的体制作用是引领和引导，而不是直接控制和管理。通过政府的引领和引导体制让市场机制在资源配置中起作用，这样才能做到要素在城乡中自由流动，公平交易，也才能让资本自由进入农业从而让农业受益于工业发展的成果，让工业化、信息化与农业现代化协同发展。

其实，城乡融合发展本身就离不开农村第一、第二、第三产业的融合战略。在2018年中央一号文件提出的产业融合设计中提道："构建农村一二三产业融合发展体系。大力开发农业多种功能，延长产业链、提升价值链、完善利益链，通过保底分红、股份合作、利润返还等多种形式，让农民合理分享全产业链增值收益。实施农产品加工业提升行动，鼓励企业兼并重组，淘汰落后产能，支持主产区农产品就地加工转化增值。重点解决农产品销售中的突出问题，加强农产品产后分级、包装、营销，建设现代化农产品冷链仓储物流体系，打造农产品销售公共服务平台，支持供销、邮政及各类企业把服务网点延伸到乡村，健全农产品产销稳定衔接机制，大力建设具有广泛性的促进农村电子商务发展的基础设施，鼓励支持各类市场主体创新发展基于互联网的新型农业产业模式，深入实施电子商务进农村综合示范，加快推进农村流通现代化。实施休闲农业和乡村旅游精品工程，建设一批设施完备、功能多样的休闲观光园区、森林人家、康养基地、乡村民宿、特色小镇。对利用闲置农房发展民宿、养老等项目，研究出台消防、特种行业经营等领域便利市场准入、加强事中事后监管的管理办法。发展乡村共享经济、创意农业、特色文化产业。"①

---

① 《中共中央国务院关于实施乡村振兴战略的意见》。

从上述表述可以看出，农村的产业融合是在城乡融合思路的引领下的具体操作，是产业融合的具体模式的选择和决策。因此，城乡融合是战略性、政策性和指导性的，而农村第一、第二、第三产业的融合是操作性、应用性和实施性的。

第二章 城乡融合下的农业发展思路

城乡融合发展体制机制是在中国共产党的十九大上正式提出的。

十九大明确提出"建立健全城乡融合发展体制机制和政策体系,实施乡村振兴战略"。2018年中央一号文件又对城乡融合发展的内容进行了细化。城乡融合下的乡村振兴战略的提出背景是城乡融合不协调发展的现实。从1978年到2016年,人均GDP由385元增至53980元,年均增长13.9%。但受城乡二元结构体制和制度约束,城乡发展不平衡、城乡差距大成为制约城乡融合与一体化发展的主要瓶颈。同期,城镇居民人均可支配收入从343元增至33616元,年均增长12.8%;农民人均可支配收入从133.6元增至12363元,年均增长12.6%,此增长率均低于人均GDP增速和城镇居民人均可支配收入增速。同时,1978—2016年,中国城乡收入差距从209.8元扩大到23724元,收入比从2.57倍扩大到2.72倍,2009年最高时为3.33倍。[1] 可见,城乡发展水平的差异是客观的,改革开放40年,城乡差距不仅没有缩小,甚至出现过加大的现象。农村经济发展落后必然会拖累城市经济。农村收入降低必然降低整个社会需求。按照我国城镇化率的统计,2017年,我国城镇化率达到58.52%,但是仍旧有40%多的人口在乡村,其需求影响到国家经济的发展。另外,农业是基础产业,其供给侧改革可以拉动其他产业的发展。农村产出效率的提高,会降低其他产业生产成本提升幅度,改善其他产业供给侧改革的条件和环境。

---

[1] 刘彦随:《中国新时代城乡融合与乡村振兴》,《地理学报》2018年第4期,第637—650页。

第一节　城乡融合的借鉴与创新

一　美国的城乡融合

美国城乡融合的历史与现实。美国农业劳动力比重从1840年的68%下降至1870年的53%，1970年进一步降为3.7%，至2010年，农业劳动力的比重仅为1.6%。近几年几乎没有太大变化。美国的城乡融合路径跟我国决然不同，首先美国政府对城乡一体化的战略把握远没有我国政府对权利与资源的把控的能力。比如，美国政府没有户籍政策权利，美国政府对城乡福利的改变没有绝对权利，一项涉及城乡福利的政策的通过需要议会的批准，有的甚至需要全国公投。因此美国是"小政府大社会"，由于美国政府对社会资源的掌控能力比较弱，其城乡融合的路径与我国的不同。

美国人多地少，美国社会没有遭受两次世界大战的伤害，甚至由于两次世界大战都远离主战场，美国不仅没有损害甚至发了战争财。美国的经济发展在第二次世界大战结束的初期无人能比。其工业发展迅速达到了发达国家的水平，工业化和城镇化推动农业现代化，同时农业现代化水平的提高也加速了工业化和城镇化进程，两者互相促进。没有农业发展是无法实现城乡一体化的。一方面工业化的成果使农业化大受其益，另一方面发达的工业化的管理手段迅速应用于农业，提高了农业的管理水平。1910年，农业机械化基本实现了，1950年农业生产高度机械化，一个农民所产产品从1820年可供4人消费增长至1920年可供8人消费，1972则达到52人。[1] 可以这样说，美国的城乡一体化融合的道路是城镇化过程中的农业现代化，工业化与城镇化及农业现代化同步进行。

---

[1]　高强：《日本美国城市化模式比较》，《经济纵横》2002年第3期。

美国的工业化、城镇化、农业现代化的"三化"是自然的社会协调发展过程，其大概经历五个阶段。第一个阶段是1800年之前，是以农业经济为主，以城市经济为辅的阶段。这个时期欧洲工业革命的浪潮尚未席卷美洲，因此可以界定这个时期的美国社会是个农耕社会，与当时中国的清王朝的劳动力水平大致相当，甚至还没有清王朝的经济体量大，大型城市的规模完全小于清王朝的，属于农业经济社会。第二个阶段是19世纪初到19世纪末，属于城镇化初期阶段。欧美工业革命开始影响到美洲大陆，工业革命带来的技术性成果开始在美国应用，一些工业城市像匹兹堡、五大湖区的城市开始显现工业城市的特征，大量工厂集聚。工业城市越来越多，不断涌现。到1870年美国超过1万人的城市达到了163个，由于工业的集聚形成的城市提供了大量就业机会，工人的工资收益远远高于从事农业生产的收入，因此，城市人口在这个时期迅速增长，城市人口的增长又促进了城市经济的发展。小规模到中等规模的城市开始快速出现。美国这个时期的城镇化率达到了25.7%。[1] 第三个阶段是城市发展的加速阶段。美国在这个时期爆发第二次工业革命，新兴工业，如汽车工业、钢铁工业、电气工业、化学工业快速发展，美国在20世纪20年代前后基本实现了工业化，在1920年城镇化率达到了51.2%。[2] 第四个阶段是城市郊区化阶段。这个阶段的特点是城镇化率继续提升，城市人口继续增加，城市发展导致的交通拥堵现象越来越严重，城市的舒适化程度降低，但是城市经济对GDP贡献超过了第一产业，第三产业的发展速度超过了第二产业，工商业集聚在城市中心，城镇化率达到了64%。[3] 第五个阶段是城乡融合阶段。这个阶段是从

---

[1] 王家庭、张换兆：《工业化、城市化与土地制度的互动关系：美国经验》，《亚太经济》2009年第4期。

[2] 高强：《日本美国城市化模式比较》，《经济纵横》2002年第3期。

[3] 高强：《日本美国城市化模式比较》，《经济纵横》2002年第3期。

1950年前后开始的,随着交通与通信技术的发展,人口从大城市疏散到城市郊区的比重越来越高,工业技术开始大量应用到农业上,农业生产力水平迅速提高,农业人口的收入与城市人口收入相当。现代化技术在农业的应用使美国的农业产出效率迅速提高,集约农业出现,较大规模的家庭农场代替了小型的家庭农场,由于农业的规模化经营,大量的机械替代人工从事农业生产,导致从事农业生产的劳动力数量显著下降,到2010年美国从事农业生产的人口比重为1.6%。① 高效率的美国农业使美国的农产品的竞争力非常明显,美国成为世界上最大的农产品出口国。

美国政府并没有农业发展规划。但是,这个时期,美国修建了大量高速公路和基础交通设施,客观上有利于农产品的运输、物流。与此同时,美国国会通过了一系列的法案,颁布了许多能促进农业学校、农业科研发展及农业技术应用和推广的法律,如《莫里尔赠地学院法》和《班里克德－琼斯法》,都是鼓励工业技术在农业领域应用的法律。1933年的《农业调整法》及随后的"土地银行"、"目标价格"、"配额销售制"和《1996年联邦农业完善与改革法案》都是涉及税收减免、融资便利、银行信贷、政府担保的法律及政策。《租借法案》、《马歇尔计划》、"480公法"等都是推动国外市场拓展、增加海外销售、限制国外产品进入的法律。1968年颁布实施的《新城市开发法》,以及之后开始实施的"示范城市"计划是在农业区域内建设中小城镇的成功法律。

另外,美国政府也制定了一系列发展农业的政策,比如农业支持政策和农业保护政策,这些政策有以下效果。首先,鼓励土地所有权与经营权分离,土地可以租赁经营,类似我国的承包制,但是美国的土地是私有的,承包人缴纳的是土地租金。其次,农业合作社受到政府鼓励,大量出现,这些

---

① 刘敏:《美国城市化反思"城郊分化"》,《解放日报》2012年9月27日。

合作社是联系农场主和市场的纽带，尤其是一些专业化的合作社，在提供相应的生产经营服务的同时也提供大量的市场信息，使农场主与市场的距离更近，农场主与农业专业合作社的关系更加紧密。大量的专业合作社，如耕种、浇灌、收割合作社的出现提高农场主的经营效率。最后，美国政府开始用工业反哺农业。比如，政府提供资助或者补贴鼓励发展农场地区的交通、电信，通过电力设施工程支持有电农场建设，有电农场的比重从 1934 年的 11% 增长至 1954 年的 93%。[①]

从美国涉农法律和政策上看，虽然美国没有类似我们国家中央一号文件和政府发展规划的法律和政策，但是美国一直有对农业支持的法律以及法律实施的政策体系，其对城乡融合的作用不差于我国制定的农业发展规划和文件的作用。因为，美国法律实施的执行力是非常强的。这也可以看出，美国城乡融合的发展经历两个世纪，城乡融合需要技术和工业发展到一定阶段才能完成。

二 以英国为例的欧洲的城乡融合发展

英国是进行工业革命最早的国家，也是城镇化率最高的国家。英国在早期工业化的过程中最早出现了城市病的问题。英国在治理城市病的过程中逐渐形成一整套城市规划的法律体系和实施的制度安排。英国的城镇化和城乡融合发展经历如下三个阶段。

第一个阶段是 20 世纪初之前。这个时期在英国工业革命之后，工业化带来城镇化的盲目发展。英国的工业革命开始最早，其工业化带来的城镇化也是最早出现的，因此，英国的城镇化是随着工业化的加速而加速的。尤其是工业革命开始以后，英国矿产资源丰富的地区首先成为城镇化的目的地。

[①] 成玉林：《美国农业发展的历程及对我们的启示》，《理论导刊》2005 年第 8 期。

乡村工业此时也开始发展起来,一批工业化城镇迅速诞生。生产力水平在技术革命的推动下越来越高。尤其是纺织工业和煤炭工业的迅速发展对推动城镇化起到了重要作用。到19世纪初,英国的工业化城镇都是自发形成的,受到工业化水平不均衡的影响,英国各地城镇化发展的不平衡和盲目性是可以理解的。英国城市病的表现形式与其他国家无异:城市交通堵塞严重,城市环境污染加剧,城市生活的舒适性下降。这个时期,由于工业的快速发展,城市产业容纳劳动力的能力增强,对劳动力的需求也增强,大量农村人口进入城市,城市病的出现是工业化国家的通病。因此,在这个时期,农业发展相对落后,尤其是圈地运动导致的工业对农业的侵蚀一度让英国农业到依靠进口粮食来满足人口生存发展需要的地步。

第二个阶段是以1909年英国颁布的世界上第一部城市规划法——《住宅、城镇规划条例》为标志的规划时期。英国的城乡发展进入了规划阶段。1947年又颁布实施了《1947年英国城镇和乡村规划法》,第一次在法律上将城乡作为一体进行统筹规划与建设。[①] 其实施体制在相关法律的责任和功能界定下也比较完善。目前已经有三级实施机构共同完成城乡规划。其中,英国的城乡规划强调规划的集中统一,城乡统筹考虑,公众的民主参与。在规划的执行方面强调超前和实施的刚性。通过这些法规与制度的执行,英国在1909年以后城乡发展逐渐走上一体化发展的道路,进入20世纪七八十年代,撒切尔夫人执政期间,私有化运动推动工业转型,英国的工业由传统工业向现代工业迈进。

在英国,还出现了郊区化的问题。大城市病出现以后,大量的城市人口开始到农村生活,在城市工作。因此农村的需求发生了改变,农业生产产品

---

① 张计成:《英国城乡发展的经验与启示》,《城市问题》2017年第1期。

的效率需要提高，开始出现农业合作社组织。在该组织的农业人口有300万人，占总劳动力的2%，农业产值也占2%左右，但农业合作社作用巨大，如CO-OP英国合作社就具有典型意义。CO-OP英国合作社最早发源于曼彻斯特，由300多个小合作社合并而来，2002年又与约克郡消费合作社合并，现已成为一家全国性的合作经济组织。① 类似这样的组织还有很多。英国的"田园构想"已经趋于实现了。

第三个阶段是小城镇化阶段。到21世纪初，英国的小城镇产业的发展将城市经济和农村的产业进行了融合，真正完成了乡村与城市的一体化发展的模式。小城镇是联系城市和农村的纽带，通过小城镇模糊了城乡的界限。优良的环境及便利的服务使这些小城镇成为人们向往的生活居住区，它们不仅面向农村地区提供服务，也吸引城市居民来此定居或旅游。这些小城镇的经济基础和基础设施使其具备城市的一些物质特性和社会特征。英国的小城镇类似于我国的休闲农业、旅游农业及正在倡导的农业新业态。大量的小城镇都各有发展特色，通过竞争吸引全世界旅游者，将农业产品发展为农业服务，通过农业服务品牌形成对需求的吸引力。英国政府投资建设乡村中心居民点，改善乡村基础服务设施，保护乡村生态环境和景观以及发展乡村经济尤其是乡村第三产业，最终使得乡村生活与城市生活几乎无差异，乡村成为"乡村式的城市"。②

三 欧美城乡融合的机制

欧美城乡融合的发展可以总结出如下的几个路径。第一，城市经济与农村的发展是在生产力有了较大提高的基础上，农业人口获得了大量城市就业机会的条件下进行的人口转移。城镇化率随着工业和第三产业的发展越来

---

① 张计成：《英国城乡发展的经验与启示》，《城市问题》2017年第1期。
② 叶奇茂：《发达国家乡村建设考察与政策研究》，中国建筑工业出版社，2006。

越高。第二，土地产权流转呈现集聚化的趋势，欧美的土地产权模式并不完全相同，但是土地流转集聚的方式是相同的，通过兼并小型农场成为大型农场，农场规模越来越大，土地集约化经营变得越来越成为可能。第三，工业技术和管理模式大量应用于农村和土地管理，农业的机械化和科技化对提高农业产值贡献巨大。第四，要素的流动是自由的，尤其是农业产业外的资本进入农业的障碍非常低，国家对农业获得资本给予支持，甚至提供相应政策性的融资便利，使农业的土地要素与其他要素的结合变得非常通畅。第五，国家制定实施法律的制度与政策，保证城乡融合的法律的贯彻，保证有相应的部门和机制高效地完成城乡融合的战略。第六，国家对城乡融合的业态的鼓励和引导非常重要，尤其是英国的休闲农业、旅游农业、民居农业等都带来了农业供给侧的改革，增加农业产品种类，提升农业服务水准，创造农业产品和服务的需求，是农业与城市融合的一种方式。第七，大量农村公共设施及交通设施的建设为农产品的流通、旅游与休闲提供了更好的条件，也有助于城乡融合发展。第八，农村经济与城市经济在国家统一规划下，其边界越来越模糊。英国的"田园构想"就是对城乡界限模糊化的一种国家战略，城乡界限的模糊化有利于产业间的融合，对均衡产业间的资本回报率有正向作用。

　　从某种意义上说，城乡融合是高屋建瓴的法律、政策、政府战略的一种体现，产业融合是其具体体现，农业新业态的出现是两种融合的结果和形式。而这些全部就是我们现在所说的农业的供给侧改革，是在一国经济已经达到了中等发达国家水平上的，农业与其他产业的协调发展，是城市经济与农村经济的一体化融合。

第二节　城乡融合下的土地经营

一　城乡融合下的土地流转

我国农村土地性质不同于其他任何一个国家的土地性质，这不仅仅是我国的农村土地是公有制的问题，更是我国农村土地社会保障性功能的特殊性体现。在2018年中央一号文件出台之前，农村土地的财产性质是没有法律规定的。土地具有财产功能但不具有财产性质，这是我国农村土地长期具有的独特特征。1978年十一届三中全会以后，通过家庭联产承包责任制的实施，国家通过农村人口与土地的绑定，让土地发挥社会保障的职能，防止农民丧失基本的生活来源。这是在当时农业人口比重高（达到80%以上），城镇化率比较低的情况下的政府保证农民最低福利水平的一种方式，而且这种方式不仅通过土地给予农民社会保障的功能，同时还对农民的生产起到了激励的作用。农村土地的家庭承包制固化了土地与承包人之间的关系，两轮土地承包以后，十九大明确提出土地承包合同保持长久不变，再延长30年，这样的国家农村土地政策说明了土地承包关系甚至可能成为一种永久的关系。这对保障农民长久获得基本的社会保障是有利的。但是，土地与承包主体的绑定又不利于土地产权交易与土地流转。土地缺乏流动性就很难让市场对提高土地与其他要素的结合效率起作用。因此，通过2018年中央一号文件，政府以国家政策的方式确定"三权分置"为解决土地缺乏流动性的手段。将土地所有权、承包权继续固化，但是将土地的经营权释放出来，土地经营权由土地所有权主体和承包权主体共同决定其流转的方向、方式和价值。将土地经营权与其他资本以契约的方式自由组合，这样就给了其他要素选择土地的权利，有利于土地在市场机制下完成要素组合方式的选择，有利于提高土地的生产效率。

但是，土地经营权可以流转并不意味着必然会流转，必须在土地承包人不再以土地为其基本福利保障的前提下，用社会化保障功能替代土地社会保障功能，土地的各产权主体才可能通过土地流转获得增值收益。这意味着，只有土地的承包者的主要生活保障来源于社会保障体系，来源于国家提供的福利保障才有可能松绑土地的经营权。

那么我国农村人口究竟有多大的比重已经不需要土地作为基本生活保障了呢？这就需要分析与土地绑定的人口在其他产业就业的比重，所有在其他产业就业，但是依然拥有农村土地产权的居民都具有土地流转的倾向性。在土地的承包者不需要土地作为生活保障的情况下，一旦土地流转后的收益超过自留土地的收益，土地流转的动机就变得非常明显。

国家统计局官网统计数据显示，2016年我国农村外出务工人数累计达1.69亿人，较2015年增加了0.30%。而2017年前三季度我国农村外出务工人数累计达1.79亿人，同比增幅为1.80%。劳动力的持续流失已经成为当前正处在发展调整期的农村社会的又一常态。根据国际经验，在城镇化水平达到70%之前，城镇化水平都会快速提高，以此判断，中国的城镇化率仍将在未来十年左右的时间中快速增长。近五年，农村人口进城落户累计接近8000万人，他们由农民变成了城镇的居民。我国政府提出到2020年国家还要转移1亿农村人口。2017年中国城镇化率为58.52%，较2016年增长1.17个百分点，从2011年到2017年，我国城镇化率从51.27%增长到58.52%，六年的时间增长了7.25个百分点（见图2-1）。[①] 城镇化率提高意味着农村人口持续减少，意味着从事农业产业人口的比重在下降。河南财经政法大学及社会科学文献出版社在京发布《工业化、城镇化和农业现代化：行为与政策》。该书指出，

---

① 《中国2017年城镇化率为58.52%，增长1.17%意味着什么？》，百家号，http://baijiahao.baidu.com/s?id=1590015541719039676&wfr=spider&for=pc。

工业化、城镇化和农业现代化"三化"协调是当下中国一项重大系统性工程。该书预测：中国的城镇化率长期会达到 95% 以上。①

图 2-1　2011—2017 年我国城镇化率趋势

城镇化率提高意味着农村人口向城市转移的速度在加快。中国农村人口的土地绑定制度决定了在农村人口向城市转移的同时必然涉及农村土地的流转。在"三权分置"政策下，土地经营权的流转已经不存在政策性障碍，2018 年中央一号文件提出"坚持农村金融改革发展的正确方向，健全适合农业农村特点的农村金融体系，推动农村金融机构回归本源，把更多金融资源配置到农村经济社会发展的重点领域和薄弱环节，更好满足乡村振兴多样化金融需求。要强化金融服务方式创新，防止脱实向虚倾向，严格管控风险，提高金融服务乡村振兴能力和水平。抓紧出台金融服务乡村振兴的指导意见。加大中国农业银行、中国邮政储蓄银行'三农'金融事业部对乡村振兴支持力度。明确国家开发银行、中国农业发展银行在乡村振兴中的职责定位，强化金融服务方式创新，加大对乡村振兴中长期信贷支持。推动农村信用社省联社改革，保持农村信用社县域法人地位和数量总体稳定，完善村镇银行准入条件，地方法人金融机构要服务好乡村振兴。普惠金融重点要放在

---

① 《工业化、城镇化和农业现代化：行为与政策》发布——中国城镇化率长期将会达到 95% 以上》，人民网，http://world.people.com.cn/n/2015/0323/c57506-26737107.html。

乡村。推动出台非存款类放贷组织条例。制定金融机构服务乡村振兴考核评估办法。支持符合条件的涉农企业发行上市、新三板挂牌和融资、并购重组，深入推进农产品期货期权市场建设，稳步扩大'保险+期货'试点，探索'订单农业+保险+期货（权）'试点。改进农村金融差异化监管体系，强化地方政府金融风险防范处置责任"。对于非农资本，2018年中央一号文件提出"建立健全实施乡村振兴战略财政投入保障制度，公共财政更大力度向'三农'倾斜，确保财政投入与乡村振兴目标任务相适应。优化财政供给结构，推进行业内资金整合与行业间资金统筹相互衔接配合，增加地方自主统筹空间，加快建立涉农资金统筹整合长效机制。充分发挥财政资金的引导作用，撬动金融和社会资本更多投向乡村振兴。切实发挥全国农业信贷担保体系作用，通过财政担保费率补助和以奖代补等，加大对新型农业经营主体支持力度。加快设立国家融资担保基金，强化担保融资增信功能，引导更多金融资源支持乡村振兴。支持地方政府发行一般债券用于支持乡村振兴、脱贫攻坚领域的公益性项目"。

随着政府资本对农村公益项目、公共设施投资的增加，农村土地经营环境必将改善，通过政府资本与政府鼓励资本下乡政策的实施，社会资本进入的障碍会降低。在土地经营权以及农村宅基地资格权确定以后，这些社会资本就可以在政府资本建设的基础设施环境下与流转的土地经营权进行组合，形成农业新的业态的经营体。

二 城乡融合下的农村土地资本化

农村的土地是农村集体所有的，但是按照土地使用权可以划分为农村家庭承包土地、农村集体生产用地、农村集体建设用地。2018年中央一号文件提出了深化农村土地制度改革的要求。

农村建设用地的"同地同权"。当前，农村建设用地主要涉及农村公共建设用地和农民宅基地的使用权定价和使用权交易。由于国家基础设施建设投资增加，城市扩大，向郊区延展，环境治理，国家农业生产扶持政策等有利于农村土地增值的因素的出现，农村集体建设用地有了更大的增值空间。随着国家鼓励社会资本进入农村，与农村土地进行结合形成新的经营模式的需求越来越强烈。农村土地在"三权分置"政策实施后必然涉及土地流转的市场化定价问题。也只有市场化定价才能让土地要素自由流动形成市场价值，体现土地作为财产的性质。

城乡融合下，随着交通与基础设施的完善，城市需求向乡村延展越来越明显。在高速铁路和高速公路形成系统后，各种旅游及农业新业态的需求可能会被引导出来。以京津冀协同发展地区为例，高铁网络化最直接的体现就是时空压缩效应，京津冀四横四纵的高铁网络和以北京为中心的高速公路网络将京津冀的城市一小时到达圈的半径延长了两倍，这对扩大城市消费、推动城乡消费一体化贡献巨大。那么，城市消费行为在高铁网络的支撑下会发生怎样的改变，其消费会有多大程度转移到农村，包括农业旅游、农村休闲、农产品直购、农村健康养生、农村住宅租用、农村生活体验，甚至城市人力资源的农村转移形成的间接消费总量的估算等问题是这部分的研究重点。京津冀的协同发展与高铁网络化密切相关，以京津冀协同发展下的高铁网络与其他运输方式相结合为例，今后应将其消费需求的地域性转移作为研究内容，重点研究：高铁网络化下城乡消费方向和方式的变化；对高铁网络化带动的京津冀消费能力和能量的预测；在1到4小时交通圈内，京津冀城市居民的乡村消费需求形态变化趋势预测；高铁网络形成后的城市消费与农业产品和服务之间的关联度及关联关系研究；高铁网络化下新的消费需求对农业新业态提出的要求以及农业供给侧改革需要的条件准备与支撑政策要求。

任何类型的交通网络都有两种显著的功能：一是输送，二是集散（或吸引）。输送功能主要是在交通网络的干线上完成，而集散功能则主要是在网络的支梢线上完成。前者突出规模性，以降低输送成本（运输成本＋资金成本＋信息成本）为指向，而后者则是突出吸引性，以扩大吸引面积为指向，这两者在逻辑上是背反的。因此，铁路干线要想更好地发挥其集聚－扩散效应，必须和公路等其他交通运输方式结合，形成综合交通运输系统。

农村需要在便利化的交通体系下创新农村产品与服务，这需要社会资本与农村建设用地进行结合，完成农业的供给侧改革，通过提供创新的农业产品满足这些需求。而生产这些产品的主体便是农业新业态。每种新业态都需要农村建设用地，都需要对农村建设用地进行定价。我们认为只有通过市场化的定价，才能对农民流转土地形成激励。因此，建立真正的农村建设用地市场化的价格形成机制尤为重要。农村建设用地的市场定价机制让土地成为可以与社会资本进行融合的实物资本状态。而且市场化的土地价格形成机制还能够有利于建设农民在缺乏谈判能力的情况下的利益保护机制。因此，要想让新的农业业态成为现实，就必须将土地资本化的过程通过完全的土地市场交易机制进行表达。

政府在建立土地的市场化定价机制过程中的作用是引导和规范，不是控制和限制。可以利用城市土地的"招拍挂"机制对农村土地进行试点，土地增值收益主要部分归农民。在这个过程中，城镇化的政策要保护流转出去土地的农民尽快获得城市居民资格，以保证失地农民能够真正融入城市。

当然，按照2018年中央一号文件，社会资本进入农村是有负面清单的。比如，不允许将农村宅基地改扩建为别墅，不允许社会资本建立会馆。不过，这个清单太粗糙简单，需要拟定一个详细清单。

因此，有必要系统总结农村土地征收、集体经营性建设用地入市、宅基地制度改革试点经验，逐步扩大试点，加快《土地管理法》修改，完善农村土地利用管理政策体系。扎实推进房地一体的农村集体建设用地和宅基地使用权确权登记颁证。完善农民闲置宅基地和闲置农房政策,探索宅基地所有权、资格权、使用权"三权分置",落实宅基地集体所有权,保障宅基地农户资格权和农民房屋财产权,适度放活宅基地和农民房屋使用权,不得违规违法买卖宅基地,严格实行土地用途管制,严格禁止下乡利用农村宅基地建设别墅大院和私人会馆。在符合土地利用总体规划的前提下,允许县级政府通过村土地利用规划,调整优化村庄用地布局,有效利用农村零星分散的存量建设用地;预留部分规划建设用地指标用于单独选址的农业设施和休闲旅游设施等建设。对利用收储农村闲置建设用地发展农村新产业、新业态的,给予新增建设用地指标奖励。进一步完善设施农用地政策。

三 城乡融合下土地经营机制的确定

城乡融合下的农村土地的经营目的是提高农业土地的产出效率。我国现有土地承包制的小农经济的土地经营方式仅仅满足土地社会保障功能的经营模式。其资本与土地结合方式是小微模式,资本在土地细碎化状态下无法完成集约化的土地整理,资本的逐利目的无法实现。同时,土地的非财产性定位也无法让土地进行价值界定,因此也就无法与其他资本进行组合。土地产权的交易市场机制没有完成,土地流转的效率就会非常低。以上严重限制了土地产出潜力的发挥。2018年中央一号文件明确对土地可流转产权的界定,对财产性的界定,以及对社会资本的鼓励性界定,使土地经营模式的选择具有可能性。土地要素的流动性增强,社会资本的进入障碍取消,土地交易价值的形成机制的市场表达功能被政府认可,那么土地经营模式就可以进行选择。

2018年中央一号文件明确提出"在依法保护集体土地所有权和农户承包权前提下,平等保护土地经营权"。

第三节 城乡融合下的农业产业

一 城乡融合的提出

与城乡融合概念相似的称谓还有"城乡统筹""城乡一体化""城乡协调发展"等概念,与之相对的概念是"城乡二元机制""城乡隔离"等。正是我国城乡二元机制长期存在,导致城乡隔离的状态严重影响了生产要素的自由流动,才出现了对这种现象的反思和探索,才出现了对"城乡统筹""城乡一体化""城乡协调发展"概念和思路的探索。

在城乡融合的理论研究与实践的历史上,最早的城乡融合实践者是空想社会主义者如欧文、傅立叶等人。他们通过"乌托邦"等实践形式开始探索城乡融合的问题。但在理论上,城乡融合的理念最早是由马克思在其经典著作《共产主义原理》中提出的。之后马克思在《资本论》中详细描述了城乡融合的设想:"城市需要带动农村,工业促进农业,具体来说是要废除私有制,扫除城乡对立的根源;要真正做到城市带动农村,发挥其中心作用;要使工业和农业生产比例协调,布局合理,真正打破两大产业不平衡的发展和布局。"[①] 马克思不仅指出了城乡融合的目标,还提出了产业融合的思路。

英国学者埃比尼泽·霍华德提出了"田园城市"理论,英国正是在这个理论指导下完成了"城市郊区化"和"城乡一体化"的构想的。美国的经济学家刘易斯专门研究了亚洲的"二元制"结构,刘易斯通过二元经济理论和建立模型的方式成功分析了发展中国家在经济发展中两大部门的趋势和走向,该成果被认为具有划时代的里程碑意义。运用模型分析的方式论证了"二元制"最终走向"一元制"的结论。

---

① 《斯大林选集》(下),人民出版社,1979。

中华人民共和国成立之后，在首先开始的社会主义改造阶段，城乡发展的战略并不清晰，当时党和政府主要精力集中于完成社会主义改造，城市乡村的差异虽然明显但是在政策上没有明确用哪种战略发展城乡经济。1958年政府出台了我国第一个城乡隔离的户籍制度《户籍登记条例》，以此为标志，我国城乡"二元制"结构开始上升为国家政策，同时，这个时期我国借鉴苏联的经济发展模式，确定了重工业优先发展战略，从此以后，以牺牲农业发展速度，牺牲农村农民利益为代价的城乡隔离的制度成为城乡发展的政策主线。随着计划经济的确立以及城乡分治战略得以实施，在当时的情况下，城乡二元发展模式是适应国家安全战略的需要，无可厚非，只不过，我国的城乡二元发展模式是上升为国家意志的国家模式。西方各国也都经历了城乡差异化发展的阶段，只不过，其发展过程是盲目的过程，美国、英国都先后经历了城市拥堵后向乡村过渡的过程，三个产业的发展规律决定了农业在生产力落后阶段在经济中占主体地位，其他产业从属于农业，工业革命后，工业的高效率生产模式和迅速提高的生产力是吸引要素的主要动力，导致农村被边缘化，出现了"大城市病"，随着经济的进一步发展，单纯的工业高速发展不可能使经济体处于可持续的健康状态，国家治理又开始将城乡的协调发展纳入规划范畴。英国在20世纪初完成的城乡规划就是有力的证明。

1978年经济体制改革首先在农村发端，农业生产力是在二元结构没有改变的情况下解放的。到20世纪80年代末期，城乡二元结构下的农村生产力通过家庭联产承包责任制已经释放殆尽，农业产出出现徘徊现象。从那时起，政府开始提出城乡统筹发展的概念。但是传统机制的惯性作用，城市经济改革形成的城市经济吸引力对农村资源的虹吸作用增强，导致客观上加大了农村资源的流失，从20世纪80年代末期到现在，二元结构的城乡发展差异不仅没有缩小反而有拉大的趋势。

进入 21 世纪后的十几年，中国成为全球制造大国。工业发展吸纳了大量的农业剩余劳动力，农村开始出现劳动力素质下降、家庭联产承包责任制下的农业产出下滑的现象，细碎化、低效率的农业生产模式成为抑制农村发展的障碍。2008 年 1 月 1 日新的《劳动合同法》开始实施。与修改前的《劳动合同法》不同的是，新《劳动合同法》更加注重对作为弱势的劳动者一方的权利保护，尤其严格限定了用工单位与劳动者订立与解除合同的条件。这给保护劳动者的权利、维护劳动者的利益带来了保证。同时新的《劳动合同法》的用工规范化也带给企业用工成本和违约成本的增加。恰巧这一年，美国金融危机爆发，蔓延到西方国家之后，严重影响了我国劳动密集型产品的出口。在劳动力成本上升、国外市场需求萎缩的双重压力下，中国东南沿海大量的劳动密集型企业破产、外迁，中国不得不面对产业结构的调整。中国的产业结构调整开始浮出水面。与此同时，随着中国计划生育政策的推进，农村剩余劳动力的转移规模越来越小。

二　城乡融合的路径

去除城乡融合的制度障碍，主要涉及土地产权制度障碍、城乡居民身份障碍、要素流动障碍、差异化的福利制度障碍。这些制度障碍的去除需要足够的政治魄力和改革动力。要通过法律确定有执行力的国家机构去完善这些制度。国家在完成法律调整后还要制定相应的政策去保证实施。因此，城乡融合的路径是一条制度创新、机构改革、政策制定的系统工程，是涉及我国产业基本政策创新的世纪工程，需要进行顶层设计和严谨规划。

首先，土地产权制度障碍的去除。当前我国城市土地与农村土地具有不同的产权定位和产区地位。农村土地属于农村集体共有，城市土地属于国家土地公有。在"三权分置"政策下，实际上已经完成了农村土地的产权界定，即农村土地所有权依旧归集体共有，土地的使用权（承包权）归农民私有。按照"三权分置"的指导原则，土地使用权可以"长久"并可能永久化，这意味着对土地使用权私有已经具有基本共识。土地使用权私有意味着土地具有自由转让的基础，经营权是土地使用权的交易权和对土地操作的权利，实际上是土地使用权的延伸。此处的制度障碍在于，土地的使用权（承包权）交易的障碍问题。现在还没有任何政策允许土地承包权转让，但是由于经营权是可以转让交易的，实际上使用土地的经营权替代承包权完成了对土地要素流动性的界定。但是法律上对土地承包权流动的禁止阻碍了要素流动的通畅性，这是需要进一步去除的土地流动障碍。当然，国家之所以在土地承包权的流动上有所保留和顾忌，主要是国家的社会保障机制没有全面覆盖。农民的土地还在承担着一定的社会保障功能。随着经济发展，当国家有经济实力完成社会保障福利的全覆盖的时候，土地使用权（承包权）的流转就会与经营权的流转一样具有国民待遇原则，不再区分交易对象的性质。

其次，城乡居民身份限制的去除。土地和劳动力是最重要的要素。当要素能够自由组合的时候，形成的生产方式才是最具有效率的。之前，农村集体中与对成员身份的限制相比城市居民身份的获得更具有障碍性。随着户籍制度的放开，除了一线城市，大部分城市放开了城市居民身份获得的窗口。但是，农村居民身份的获取途径变到狭窄，获取障碍巨大，影响了农村土地与劳动力资源的结合。这一方面有国家对城镇化的支持，防止农村人口逆流转，另一方面也有防止农村居民利益受损的考虑。但是，一旦社会保障制度覆盖农村，谁能够更好地让土地产生收益就应该由谁来经营土地。优秀劳动力资源与土地的结合、农村土地与农业外资本的结合是相辅相成的。科斯在其《企业的性质》一书中就提出，只要产权清晰，资源的配置就能够通过自由交易达到最优配置的状态。因此，当土地可以流转，国家社会保障一视同仁地覆盖农村和城市，资本在负面清单的管理下可以自由进入农村，这些条件达到的时候，就是农村居民身份取消的时候。国家应该尽快地为农村居民身份限制去除创造条件。

再次，去除要素流动障碍主要表现在去除资本、劳动力和土地结合的障碍。第一，主要涉及这些要素流动的一个前提——国家社会保障机制对农村的覆盖。没有统一的社会保障机制，土地对农民的社会保障功能就不能去除，农民与土地黏着关系就不可能改变。第二，土地使用权的名义与实际的私有化是在土地所有权公有化的基础上的客观表现。土地的"三权分置"就是土地所有权共有和土地使用权私有的体现。这与城市土地的土地公有与使用权私有是完全一致的。城市居民对房屋的土地使用权具有70年的完全的私有权。因此，国家有必要明确土地使用权的私有化的实际含义，让农民具有完全的处理私有产权的能力。第三，建立土地使用权交易市场及交易制度，完成土地私有权的市场定价，保障农民交易土地使用权的法律保证和政策支持。

最后，去除差异化的福利制度障碍。这一步的实施需要一定的时间和巨大的改革魄力。福利的惯性容易形成享受福利集团对已有福利的自我保护。一旦户籍制度、教育制度、医疗制度以普惠制的方式适用于福利最少的农村成员的时候，意味着原有的享受这些福利的人被"切蛋糕"，其福利必然会受到损失，抵制这种改革的动力增强，既要推动改革的进行又要减少阻力的唯一办法是在做大蛋糕的同时重新分配蛋糕。保持国家经济持续稳定的增长就是在做大蛋糕，但是绝对不能等到蛋糕做大再重新分配，因为这样同样会使福利体制内的成员形成新的福利增加惯性期待，其阻碍福利一体化和均化的障碍不会减小，甚至会增大。因此，需要一边做大蛋糕一边着手推动城乡福利的一体化。政府要走"钢丝"，要准确掌握推进改革和照顾各方利益同时增加的度，减小改革的障碍。当然，照顾各利益集团的诉求主要是要照顾弱势群体的利益诉求。只有这样，才能够推动这部分群体的改革和产生新的社会需求，进而推动经济发展。因此，国家应该制订差异福利制度的改革计划，在尽可能短的时期内完成去差异化。

三 城乡融合的产业政策选择

第一，土地"同地同权"政策的彻底规范化。改变土地供应者只有政府一个主体的现状，城市和农村土地使用权的交易资格覆盖所有的这些使用权主体。只要是符合国家土地政策和土地规划的，土地使用权主体都可以将土地进行自由交易。国家管理土地的主要方式是制定土地政策和规划，实施对土地用途的监督，审核土地投资的负面清单，只要是符合土地政策和规划的项目不限定身份，保护要素的自由进入。国家负责指导建设土地交易平台及交易规范，监督交易的透明化。

第二，根据 2018 年中央一号文件制定农业新业态的鼓励政策。首先制定农业新业态的负面清单，之后清除所有限制资本及劳动力进入农业的限制。尤其是当农民的土地使用权自由转让完成以后，应该给予土地新的使用权者以成员身份，保证土地经营者及时获得成员权资格。在资本和劳动力要素的壁垒被打破以后，鼓励技术、资本和劳动力的同时进入。保障经营者的收益权，制定各种农业新业态的激励政策，包括税收政策、管理政策、奖励政策以及市场政策。

第三，建立社会福利机制的推进与协调机制。农村土地（尤其是耕地及林地）目前还承载着农村居民的社会福利功能。农民身份的社会福利体现在拥有土地上。当然，随着国家经济发展以及社会福利制度的改进，农民和农民工的基本养老金与医疗保险福利已经在与城市居民基本养老金和医疗保险福利并轨。当然，这个进程相对比较慢，还没有实现完全并轨。随着社会福利的一体化进程完成，土地不再成为农民的福利保障，仅仅具有一般资产特征的时候，土地的社保功能就意味着消失了。这个时候，土地使用权的流转就不再有障碍，对土地获得者的身份不再进行限定。这需要尽快完成农民的社会福利与城市居民福利的对接过渡机制，并建立全社会一体化福利体系。

第四，制定农村土地规模化政策。针对"空心村"现象进行整体规划和土地置换，对人口流失比较多的农村进行整体搬迁，对农业劳动力年龄偏大、数量减少，无法完成土地经营的村庄进行统计，加快推进土地规模化和土地经营产业化的政策的制定，鼓励逐渐丧失劳动能力的农民通过土地入股方式完成土地规模化，并及时建立失地农民的社会保障机制。通过政府引导建立农民土地的退出机制，在市场定价的基础上，推进土地股份化试点，建立农业外部资本与土地结合的经营机制。在保证退地农民的利益的同时，为农业新业态和土地的规模化经营制定鼓励政策。

第五，国家统一规划和建设农村公共设施和农田水利设施。新农村建设取得了一定的成就，农村水电及垃圾处理的体制已经或者正在建立起来。在此基础上，国家制定农村公共设施的统一建设标准和等级，建立农村公共设施的投融资机制及财政补贴机制，最终形成一体化的城乡公共设施的建设管理体制。与此同时，国家制定农田水利基础设施的建设规划，建设绿色环保的可持续发展的农田水利设施，提高农田水利设施的技术水平，增加农田水利设施的科技含量，借鉴发达国家的农田灌溉技术和农业基础设施的建设模式，分地区、分级别建设农田水利的国家投资建设机制和管理机制，合理利用水资源，保证农业的科学灌溉和土地整理机制的实施。

第三章

城乡融合下的农村集体成员权

第一节　农村集体成员权辨析

一　如何理解"土地是集体的"

土地是集体的，集体是以行政村划分的所有的注册在籍的具有民事行为能力的人。这里面对注册在籍一般的理解是有该村户口。但是在《中华人民共和国村民委员会组织法》中，选举权是这样界定的，《中华人民共和国村民委员会组织法》第十三条第三款规定：户籍不在本村，在本村居住一年以上，本人申请参加选举，并经村民会议或者村民代表会议同意参加选举的公民。因此，严格意义上的集体，以有选举权为标准，应该包括在这个村生活工作的外地人。民国以前应该就是拥有此村的土地或者在此村租种土地的农民都算村民，但是以拥有土地为主要标准。当然，那些曾经拥有土地后来出于各种原因将土地出卖而成为没有土地的人，但是仍然租种土地生活的佃民依然算作村民。不管是当前还是民国时期，村民的概念本质上是依托土地的，但是又不绝对，只要是被本村的组织（或者大部分村民）所认可的，那么就可以算作村民了。但是，目前来看，从狭义的意义上理解村民的概念应该是具有土地承包权的村人口。即便是具有土地的宅基地使用权也不行（有些城市人口户籍已经不在此村，但是通过继承获得了宅基地房屋所有权，进而继续使用宅基地）。而在民国时期，只要自家的宅基地还是自己的，那么就被普遍认为是本村村民。现在，只有具有土地承包权且有承包地的村民才被认为是集体的一员，才能享受完全的集体成员权。

从土地权利的完备性上看，拥有土地承包权和宅基地使用权的村民是具有完整集体成员权的村民。这样的村民具有组成集体的合法、完备的身份。

当然，也存在这样的情况，村民的承包地在该村，但是其户籍由于外嫁、考学、出国等因素已经离开了该村，原则上这样的成员也都丧失了集体成员权。但是，如果其户籍依然保留在该村，那么其集体成员权依然会被认可。由于土地承包权具有延续性，一般能延续30年及以上，而村民的身份变化确实又是多种多样的，因此，人地分离的情况非常常见，对村集体成员的界定，比民国时期以拥有土地和宅基地，或租种土地为评判标准就复杂得多。

从以上分析我们可以看出，村民集体是一个非常不严谨的概念，其界定的方式不同使村民集体成员的数量存在较大的差异。通常意义上的村民集体又不是一类组织，只能是具有集体成员权的整体。因此，"集体"这个词的后面必然要加上一个组织作为中心词，才能界定清楚其含义，比如村民集体经济组织、村民集体大会、村民集体利益。在中国农村，与集体相关的中心词出现最多的是村民集体经济组织和村民集体自治组织。村民集体经济组织是一个历史概念，土改完成以后，随着农村社会主义改造，逐渐出现初级社、高级社和生产队组织，它们是以组织农民生产而形成的生产型经济组织。随着1978年党的十一届三中全会召开，中国的改革拉开了序幕，首先进行的是农村改革，农村家庭联产承包责任制作为改革的主导形式，在全国铺开，到1982年以后，全国基本上完成了改革，农村集体经济组织也发生了很大的变化，农村的三级所有的产权所有形式已经不复存在。

二 现代农村集体的成员权应具有的特征

现在的村集体的成员权存在如下特征。

第一，村民的集体成员权具有继承性。只要父母具有该集体的集体成员权，子女在未主动申请脱离集体的情况下，其集体成员身份会一直保持下去，没有被剥夺的可能性。

第二，集体成员权获得途径单一。目前的村集体的成员权是定向开放的，集体外村民想获得集体成员权，婚嫁是唯一一种合法的方式。当然还可以通过户口迁移的方式，但是由于农村承包土地的长久性及可再承包的土地的有限性，集体外成员获得集体成员身份的难度越来越大，概率几乎为零。

第三，集体成员权体现在行使土地权利上。集体的土地和事关土地的权利不可能由全部的村民来行使。《村民委员会组织法》明确规定了村民会议和村民代表会议是村民委员会的上级机关。村民代表会议是权利行使机构，村民委员会是执行机构。

第四，村民行使集体成员权的路径依照《村民委员会组织法》。只有在村民代表会议上或者村民会议上村民才能有发言权，一旦在村民会议或者村民代表会议上确定决策（按照少数服从多数原则），那么这个决策就体现了全体村民的意志，就需要一个受村民会议或者村民代表会议委托的组织来负责执行会议决议，管理村民日常的有关土地和村民权利的业务，那么这个组织就是村委会。按照我国法律的规定，集体是有明确的法律界定的。集体是集体，村委会是集体的村委会，集体不是村委会，这个必须清晰。

三 关于谁是农民的问题

"谁是农民？"

首先要从概念和范围上弄清楚才能真正弄清楚中国纯农民有多少，否则只能张冠李戴,对中国城镇化的任务和现实也不会清楚。

以中国现实的农民身份划分,最简单的是户籍人口,这也是最准确的有标准可定的农民的数量。但是现在看来,随着中国经济的发展,大量的农民已经顶着农民的身份转移到其他产业,成为"农民工"。"农民工"就是一个不伦不类的称谓,这个称谓的模糊性也正说明了中国农民身份的尴尬:既是农民又不是农民,既是工人又不是工人,既是城里人也不是城里人,既是乡下人也不是纯粹的乡下人。这四不像的身份源于中国城乡制度尤其是户籍制度设定的藩篱。但是,为了弄清楚纯粹农民的准确数量,我们有必要依托现在最准确的户籍制度来分割中国最宽泛的人口属性。

以 2016 年的数据为依据。2016 年,全国(不含港澳台)总人口为 13 亿 8271 万人,城镇常住人口为 7 亿 9298 万人,比 2015 年末增加 2182 万人,乡村常住人口为 5 亿 8973 万人,减少 1373 万人,城镇人口占总人口比重(城镇化率)为 57.35%。全国人户分离人口(即居住地和户口登记地不在同一个乡镇街道且离开户口登记地半年以上的人口)为 2.92 亿人,比 2015 年末减少 203 万人,其中流动人口为 2.45 亿人,比上年末减少 171 万人。[①] 依此数据,乡村常住人口最准确的数据应该是户籍是农民的数据,包括从事农业生产和已经失去劳动能力,但是依然生活在农村的农民。乡村常住人口占全国总人口的比重是 42.7%。但我们需要知道的是,农村人口包括:①国有农场户数中的常住人口;②乡村中的常住人口,其中包括常住农村的外出民工、工厂临时工,户口在农村的外出学生,但不包括户口在农村的国家职工。根据 2011 年的数据,流动人口中城镇户口的流动人口仅占 13%,那么 87% 为农村流动人口,按照这个比例 2.45 亿流动人口中有 2.1315 亿人口是农民工,即农村流动到城市的人口。农民人数的绝对数值就是 5.8973

---

① 数据来源于国家统计局。

亿 −2.1315 亿 =3.7658 亿人。那么，纯粹留在农村的农民的比例就是 27.26%。也就是说有不到 1/3 的纯粹的农业人口，这意味着如果那些农民工可以转化为城镇人口，那么中国的城镇化率很快就能达到 70%，但是，我们不能不想到，农村人口中很多老年人和留守儿童必然在这些农民工转化为城镇人口的同时也要转化为城镇人口。那么农村人口中年龄在 65 岁以上和 14 岁以下的人口又占多少呢？按照 2010 年人口普查的数据，0—14 岁人口占 16.60%，比 2000 年下降 6.29 个百分点；60 岁及以上人口占 13.26%，比 2000 年上升 2.93 个百分点，其中 65 岁及以上人口占 8.87%。根据增长的速度，估计到 2018 年农村 65 岁及以上人口占 10%，14 岁及以下人口占 17%，那么农村的劳动力数量就是 3.7658 亿 ×73%=2.7490 亿人。

那么，这个估算的数字代表了纯农民的数量，因为这些人如果都转换为城市居民，那么剩下的必然也一同转换。问题在于，我们转换这些农民为城市居民并不是目的，而是一种手段，是为了保持农业在新技术条件下的新的产业经营模式。没有这些农民身份的转换，就没有他们现在所耕种土地经营模式的转换，因为他们现在的经营模式代表了中国传统的经营模式。我们不能强行抢走他们的土地，所以必须先转换他们的身份，用市场的方式让他们离开土地，土地才可以真正地流转、兼并、规模化，将土地这种资源流转到最具有效率的农业经营者手中，让新型农业经营者用现代化的农业经营模式来经营农业，这才是农业的供给侧改革。

那么转换他们的难度和优势在哪里呢？

土地变成资产。

土地确权是 2015 年的事，起源于国务院一份文件。到 2017 年底，土地确权基本在中国的各个乡村完成了 90% 以上。确权是为什么？农民们很少这样发问，但他们很高兴，能把土地确立在自己的名下，怎么说对自己也不是坏事，所以土地确权的整体障碍并不大，部分地区出现确权中土地归属不明确的问题是前进中的小问题，整体来看进展是顺利的。确权农民不问为什么，但战略的决策者和学者们清楚，这只是第一步，目的是土地流转方便，或者更直接说是土地交易和土地集中的前提和基础。

不管是《宪法》还是《土地管理法》都规定中国农村的土地和宅基地都是集体的。但问题是，集体如同国家一样，他们不是一个活人，是个整体。要整体来说话必须得有个代言人，中国的城市土地已经有了，那就是地方政府和中央政府，现在农村的土地有代言人吗？当然有，不仅有，而且以前就有，那就是村民代表大会，村民代表大会不能老开，那就只好由村委会接受委托代行职权了。在《村民委员会组织法》中第八条有界定："村民委员会依照法律规定，管理本村属于村农民集体所有的土地和其他财产，引导村民合理利用自然资源，保护和改善生态环境。村民委员会应当尊重并支持集体经济组织依法独立进行经济活动的自主权，维护以家庭承包经营为基础、统分结合的双层经营体制，保障集体经济组织和村民、承包经营户、联户或者合伙的合法财产权和其他合法权益。"不过，这个村委会不是包拯，加上乡村一级的财权事权的一体化，没有任何人能保证这个代言人能合乎道德的要求，在村民民主素质尚未得到有力保证的情况下，有了侵犯每个人所拥有的集体所有权的倾向。事实已经证明，在农村因为土地性质转换过程中的农村组织悖德而发生矛盾的情况在中国城镇化开始后时有发生。农村土地矛盾中的各种问题突出。

网民舆情方面，农村土地话题一直是网民的焦点议题，2016年，网民积极关注各地农村土地改革实践，高度关注农民的土地权益问题，并热烈讨论一些地方出现的土地矛盾冲突事件，该话题帖文量同比增长40.0%。

比如，新浪微博作为首发媒体的热点事件有6个，均与农村土地矛盾相关，其中5个事件来自网民爆料，1个来自政务微博。此外，微信、论坛和视频平台作为首发媒体，也各出现1个热点事件，均是曝料农村土地矛盾冲突。

在 2016 年排行前 120 的"三农"网络热帖中，农村土地问题的举报维权帖有 35 个，占 29.2%。年度排行前 10 的网帖中，有 7 个与此相关。[①]

第二节　城乡融合下的集体成员权的界定

这一部分探讨一下农村人口转移的问题。

中国的城镇化如火如荼，中国的城镇化率近年来快速提高。2016 年末，常住人口城镇化率为 57.35%，比 2012 年末提高 4.78 个百分点，年均提高 1.2 个百分点；2013—2016 年城镇人口每年增加 2000 多万人，带动了巨大的投资和消费需求。户籍制度改革和居住证制度全面推进，农业转移人口市民化进程加快，农业转移人口与城镇居民的基本公共服务均等化水平提高，新型城镇化质量显著提升。2016 年末，我国户籍人口城镇化率为 41.2%，比 2012 年末提高 6.2 个百分点，与常住人口城镇化率的差距为 16.15 个百分点，缩小 1.4 个百分点。[②]

这说明随着中国经济的发展，城市人口越来越多，按照发达国家的规律，经济越发达，城镇化率越高。中国经济发展的动力是供给侧改革形成的新的推动力，其来源于三大产业的供给侧改革。

1. 农业供给侧改革的目标

中央农村工作领导小组副组长唐仁健在 2016 年 2 月 6 日指出，农业供给侧结构性改革成不成功，要看供给体系是否优化、效率是否提高，更要看

---

① 《"三农"舆情蓝皮书：土地矛盾仍是农村问题沉疴》，财新网，http://opinion.caixin.com/2017-10-24/101160220.html，2017 年 10 月 24 日。
② 《2016 年末全国常住人口城镇化率 57.35%》，搜狐网，http://www.sohu.com/a/127525649_161623。

农民是否增收、是否得实惠。主攻方向是提高农业供给质量。要以市场为导向，优化供给结构，跟上消费需求升级的节奏。中国农业的生产效率体现在单亩产量和单位劳动力的产出效率上。中国农业的供给侧改革必须通过改革农业经营模式，进而提高供给效率。改革农业经营模式意味着对现有的农业经营模式的彻底改变，是一种革命性的改变，向规模农业、精细化农业、高效农业、绿色农业改进。农业经营模式改革的基础是土地和劳动力的转移。土地通过集约化才能够形成规模效率，通过精细化才能够运用新技术，通过规模化才能降低成本。

因此，必须破除城市与农村的藩篱，让农民尽快完成市民化转移，转移出来的土地才可能规模化运作，才能将农业新技术应用于土地，才能提高土地的产出效率，降低成本。

那么加速城镇化进程的藩篱在哪里呢？在以下几个方面。

首先，彻底去除城乡居民的身份差别。中国儒家文化就是一个等级观念的文化，因此，在历史上就存在身份差别，比如，天子、诸侯、大夫、士，这属于古代的贵族阶层，在平民阶层中，有士、农、工、商的区别。士是贵族中的最下层，平民中的最上层。可见，中国是一个身份和阶层烙印明显的国度。最早实行身份和户籍管理的是商鞅。秦穆公时期，商鞅实行变法，在这大家都清楚的历史中有一个关键的部分，那就是实行户口制度。战国时期秦国的都、乡、邑、聚原来都是自然形成的大小居民点。商鞅的变法就要求给百姓建立户籍制度。商鞅的户籍制度并不复杂，居民以五家为"伍"，以十家为"什"，将伍、什作为基层行政单位。按照编制，登记并编入户籍，责令互相监督。不仅如此，户籍内的成员实行一家有罪，九家有责。必须连举告发，若不告发，则十家同罪连坐。不告奸者腰斩，告发"奸人"的与斩敌同赏，匿奸者与降敌同罚。这与后代的保甲制度相同。商鞅同时规定，旅店不能收留没有官府凭证者住宿，否则店主也要连坐。这其实是身份证制度的原型。而且当时户籍制度的管理也非常先进，是一种动态的户籍管理制度，当时没有电脑，如果有电脑和网络，商鞅的户籍管理办法并不比现在的户籍管理水平落后，比如在《商君书·境内》中有记载："四境之内，丈夫女子皆有名于上。生者著，死者削。"全国范围内所有的男女都得上户口，而且出生的孩子要及时登记，死去的亲人要及时销户。这样的户籍制度如果当时有互联网，跟现在的户籍几乎没有区别。为了防止有人不能及时登记、销户，商鞅还要求明确户口登记时间。当然，登记时间可以选择，一年两次，有的在每年的三月登记，有的在每年的八月登记。而且，户籍登记的内容也比较详细，除了没有照片以外，登记的内容大致包括户主姓名、籍贯、身份（比如爵位），户内成员的年龄、身高、健康状况，祖宗三代的出身情况，家庭财产等，详细程度比现在有过之而无不及。

在司马迁的《史记·商君列传》中也有记载："事末利及怠而贫者，举以为收孥。宗室非有军功论。不得为属籍。明尊卑爵秩等级，各以差次名田宅，臣妾衣服以家次。有功者显荣，无功者虽富无所芬华。"户籍内的居民身份是变化的，以是否有军功为身份升降的标准，获得的待遇在不同阶层有不同的标准。而且早在春秋时期就已经有了"士农工商"的阶层划分。商鞅的户籍制度有利于秦国充分掌握秦国的人力资源，是为秦国开疆拓土进行的组织和制度准备。在那个时期，户籍制度有利于资源的集中利用，以军功为阶层递进的依据就充分说明了户籍制度与身份形成是战时的一种动员机制，客观上有利于全国人力资源的激励和调动。但是在经济发展的和平时期，户籍制度严格限定了身份和居住的区域，户籍制度限制了迁徙自由，不利于人员的流动是显而易见的。

中华人民共和国成立之初并没有实行户籍制度，而且在第一部《宪法》中明确写有"迁徙自由"。但到后期执行不彻底，同时随着西方对新中国的围剿开始，我们倒向以苏联为首的社会主义阵营的怀抱，对苏联的户籍管理经验的借鉴加上我们国家集中资源进行工业建设的战略，开始实行工业剪刀差的政策，通过户籍制度和农产品低定价制度，达到以农业支持工业发展的目的。当时极低的农业生产力以及刚刚开始的社会主义农业集体所有制改造需要大量劳动力留在农村，城市的供给制也决定了，一个农民转成市民就要减少一个粮食的生产者同时增加一个粮食的供给配额。

除了大家耳熟能详的去除附着在户籍上的社会福利差异，最关键的问题是，以职业为依托的居民从业身份的自由转换。目前，除了几个超大城市没有放开落户限制外，其他城市基本上去除了落户障碍。这意味着农民越来越容易成为城市的居民，这个方向上的障碍今后将会越来越小。问题是反向的流动呢？其他职业容易转换身份成为农民吗？能够自由购买农村宅基地和购买农村的土地使用权成为农民吗？不能，至少现在没有渠道可以这样做。你可以是农业经营公司，去购买土地使用权，你可以成为农业工人，被农业合作社或者农业经营公司雇用，但是你无法获得农民身份，你无法成为农村组织的一员，即便以后土地交易市场规范化运作起来，你通过土地交易获得了土地使用权，在现有法律下你依然无法获得集体身份。

集体，不应该是固定成员的集体，集体的成员既然可以转出去，那么转进来也应该是可以的。以前，我们赋予集体组织成员太多的具有土地福利性质的权利。如果城乡社会福利能够一体化，所有社会成员的福利与生活工作的性质无关，那么土地转换的自由伴随职业转换的自由必然导致上述要素的最佳配置效果。但是现在，土地无法自由流动，劳动力也无法自由转换身份，这严重限制了城镇化进程中的资源配置。

当然，可能的问题是大量城市居民会不会购买宅基地建小别墅。笔者认为这并不是一个问题，只要国家制定农村发展规划，完善农村集体用地的使用规制和限制，不管谁拥有宅基地，宅基地建设的要求是清晰的，那么不管谁成为土地的所有者和使用者都不影响土地效益的发挥。

当然，也可能会出现农民宅基地或者建设用地收益被剥夺的情况，那只可能是农民或者农村集体组织在谈判中无法获得公平的市场地位造成的。只要每个参与土地交易谈判的主体是市场化的主体，信息是透明且对等的，农民在交易过程中的权利受到国家法律的保护，那么就不可能出现农民和集体组织的土地交易收益受损。

既然是市场化的土地交易，那么公平的交易结果就是土地所有权人和使用权人自由转换，中华人民共和国成立后农民的单向转换问题就可以迎刃而解了。所以，笔者认为放开农业职业的从业限制是非常有必要的。尤其是在土地方面从事农业经营和农业管理的职业尽快开放是必要的，只要想成为一个职业农民，就如同想成为职业工人、技术人员、管理人员、投资者一样，都应该可以因为工作的改变而改变其身份。目前，土地确权已经完成，在土地使用权的初次流转中可能会出现城市居民购买经营，但是随着外部农业资本的进入，土地兼并肯定会发生，在封建社会土地兼并往往是王朝末期的特征，但是在我们有了统一公平的城乡社会福利体制以后，任何成员在不同产业间的职业转变都不会带来福利的不公平，因为影响社会福利公平的因素已经不再是土地这个因素了。

农业规模化要求土地兼并，要求土地在外部资本进入的条件下迅速兼并，在国家政策的支持下，国家资本也应该投入农业公共领域，共同完成农业土地的集约化模式的改造，这是农业供给侧改革的体现，支持规模化的土地运营创新，支持农业从业人员素质的优化，支持农业集体成员的可流动性，就是对国家经济体制改革的支持。只有这样，才能提高我国人均土地产出效率，提高单亩土地产出效率。这已经是一个非常急迫的问题了。

1978年改革开放到现在已经41年，中国已经成为世界第二大经济体，中国国民生产总值达到12万亿美元，中国要想保持持续平稳的经济增长必须保持产业的协调发展和产业的迭代，按照世界经济发展规律，所有的发达国家的第三产业的产值都应该超过60%，同时以农业高效率的绝对产值支持其他产业的发展。中国作为拥有13亿人口的大国，农业是战略产业，一方面要求农业提供给其他产业基础类产品，另一方面需要有大量的人口从农业中转移出去，增加其他产业的资源供应。当然，这不是简单的数量型转移，是农业人口在单位亩产量迅速提高的情况下，减少农业就业，提高其产出效率。下面是不同国家的农业产出效率的对比。

截至2015年，美国农业就业人数为242.2万人。而同期，我国农业就业人数(第一产业就业人数)为21919万人，其中包括兼业人员。我国这样体量庞大的农业劳动力超过农业需要量，产生大量剩余劳动力，这也是农业劳动力中大部分兼业的原因。而且随着农业机械化和规模化发展，农业剩余劳动力会逐步增多。我国农业就业人数是美国的90倍。我国农业劳动力平均经营土地面积为9.24亩，美国农业劳动力平均(简称"劳均")经营土地面积为957.47亩，美国劳均经营土地面积是我国的103.6倍。此即上文分析中我国农业成本中人工成本占比第一，美国农业成本中人工成本占比最小，我国农业人工成本远高于美国的内在原因。

所以，彻底实现农业集体成员的身份的自由转换，有助于提高农业生产者的素质。同时，我们也可以看到，随着城镇化进程的推进，很多城市郊区已经成为城市的一部分，农民自然转为城市居民，农村集体的土地以农民个体资产的形式入股，成为集体产业集团的资本组成部分，这部分已经不涉及土地转移的问题，农民的身份也已经不是问题。因此，郊区农业人口身份的转换可以参照土地使用权资产化后的入股或者以其他形式投资为市民身份转换的方式。这比现在农村集体成员身份转化、从业者的流动更容易一些，因为已经在大中城市中开始。

看来，当务之急是国家在政策和法律层面上放开农业从业人员身份的双向转换限制，在城市福利一体化的基础上同步撤除其他产业人员流动进入农业的藩篱。

2.土地使用权具有财产属性

土地的财产属性。土地从本质上讲是要素，由于其稀缺性而本身就具有价值。马克思的地租理论就证明了土地的财产属性。但是，随着1978年家庭联产承包责任制的实施，土地的财产属性被分割，在产权的权利束中进行了主体间的重新界定。集体承接了所有权的权属，土地的使用权归属了农民。而处置权、收益权的界定是模糊的。处置权的一部分比如更改土地性质、转移权利等权利归属国家和集体，土地的收益权的一部分，比如土地产出的收益在农业合作社时是归属国家的，集体和个人按照国家规定和集体约定进行划分，随着农业税的取消，这部分收益也全部归了农民。而在土地转移的增值收益中，土地流转给本村或者外村村民的收益，也就是地租部分给了有使用权的农民。土地改变性质后，农民谈判能力的不同以及当地政府的政策的差异导致农民和集体的收益比例不定，也因此导致了很多矛盾。同时，我们也清楚地看到，国家通过获取土地转性后的权利，获得了大部分的增值收益，农民和集体得到的是极少的一部分。

按照制度经济学的产权理论，产权可以分为共有产权和私有产权。产权是由可以分割的产权组成的产权束。界定产权的方式有国家方式和契约方式。我们不必太多地恶补产权经济学的内容，这些就足够理解我国的农村土地产权的基本问题。

这里很明确的是，农村土地产权是共有产权，具体说是集体产权。土地是集体的，是一个包含了所有村民的集体。集体的共有产权是受约束的产权组成的产权束。也就是说，即便土地是集体的，土地也不能随便处置，因为任何产权都有外部性。比如，集体的土地就不能随便转为建设用地，虽然地是集体的，即便所有的村民都同意也不能建有污染的化工厂，因为这会影响这个村以外的其他村民，甚至会影响更多的人。东西是你的，你也得合法合规地处置。所以产权是有边界的。作为集体来讲，有些归属于它的权力是无法行使的，因为这个群体的决策成本巨大，一部分权力，比如谈判权，比如土地用途的监控权就由国家的某个机关代行。所以，即便土地是集体的，拥有所有权的主体行使财产权利也是受限制的。在现有的土地制度下，集体中的以家庭为权力主体的农户获得了清晰的使用权（土地确权以后），可见集体产权中的一部分使用权转移到了另一个主体上，那就是使用权，而且按照现有的政策，土地的使用权是长久的，我们现在可姑且认为它是永久的。在前面的分析中我们已经知道其他权利，比如处置权和收益权都被不同主体划分了。但是，有个问题前面没有说清楚，那就是土地产权的交易。

农村集体土地产权可以买卖吗？说白了就是农村的地可以卖了换钱吗？到现在为止，无法用能和不能回答。因为，这里面有个问题没弄清楚，那就是土地能不能跟房屋一样具有一般财产的性质。名义上土地是集体的财产，但是并不具有财产的性质。因为这块地，不能像一般财产那样抵押，没有可以确定土地价格的市场。哪怕土地由集体转为国有，所有的补偿都是依据国家制定的以土地产量为依据的补偿标准来确定的补偿价格，不是市场确定的交易价格。

补偿只是对权力损失的一种行政性界定，供方和需方没有通过"看不见的手"来形成价格。那么，从这个角度讲，土地财产性质是虚化的。集体是虚化的，这个在前面已经解释清楚。现在土地的财产性质虚化，那土地交易在不同层面上就出现具有中国特色的流转特征（我们没办法用交易特征来表述，因为没有市场）。土地所有权的变更机会是极少的，因为一个村子的土地除了给国家，一般不会给别的村子。使用权的变更却是客观的，因为随着时间的推移，一个家庭的劳动力会生老病死、婚丧嫁娶，还有人去城市谋生，劳动力比土地容易变化得多。"增人不增地，减人不减地"的政策客观上增加了土地流动的压力。举个例子，一个家庭，夫妇二人加上三个儿子总共五人。假如刚好赶上了村里最后一次土地调整，那么这个家庭只获得五个人的土地使用权，大概五亩，按照我国的家庭平均土地来算应该是不少了。之后不久，三个儿子娶了三房媳妇，生了三个孩子，土地一直没有调整，那么，五亩地养五个人没问题，五亩地养十一个人就有问题了。如果生的孩子再多就更是问题了。这是一个极简单的算术，况且还有更多复杂的情况，老一代人的去世，女儿的出嫁，新加入集体的家庭的土地需求，一切人员变动的情况都会对土地供给和需求产生影响。但是，土地初始使用权没有变化。怎么办？农民有办法，没有土地的就开始租土地富裕的家庭的土地耕种，要缴纳租金的，北方一亩地要200—300元/年的租金。初级农地租赁市场是允许的，因为这是在集体内的土地使用权的低层级的买卖，对集体产权不产生任何影响，因为土地的使用权人不发生变化。因此，土地财产属性的最肤浅的表皮通过民间交易体现了一下。

那么是不是可以拿自己的土地去抵押做个小买卖？可以拿自己的地去城里换套房子？答案是否定的。

确权以后给土地使用权法律上的财产资格，是土地交易市场建立的基础。通过土地使用权财产性质的法律界定，使用权主体可以将土地直接纳入土地供应主体，完成与需求主体的直接对接，降低交易成本，让土地使用人直接获得土地增值收益，让土地的需求主体直接获取土地使用权而导入优质农业经营资源和经营模式，农民的职业转换也将随之而解决。

第四章 农村土地市场化交易模式设计

第一节　农村土地市场化交易背景

一　土地承包权与承包家庭的绑定刚性

我们在讲到农民将土地出租出去的时候，用得最多的词是"流转"。从文字的表意上看，"流转"只是一个动作名词，不涉及土地产权主体的关系，只是土地从一个主体的手里转让到另一个主体的手里，至于这块土地是不是改名易姓，"流转"这个词涵盖不了那么多内容。与此相对应，城市土地不用"流转"用交易的另一个名词"拍卖"，"拍卖"是一种交易形式，城市土地的产权转让明确地用到了交易的特定称谓，说明城市土地的转让是一种交易行为。那么同为公有土地的形式，为什么农村的土地用"流转"而城市的土地用"拍卖"呢？最主要的原因在于，农村土地在十九大之前，在2018年中央一号文件正式确认之前，不具有财产性质。农村土地是农民生活的保障，土地的人身绑定关系非常刚性。只要是集体成员，那么土地与集体成员的对应关系就不会发生变化，甚至土地承包人已经过世，但土地依然与家庭绑定。因此，土地与承包人的关系在土地承包期间是无法更改的，即便是土地转租给公司和个人耕种，土地的家庭人身绑定关系不会发生改变。在"三权分置"政策出台前，土地只有所有权和承包经营权，亦即土地只有两个产权主体，所有权归集体组织，使用权体现为承包经营权归家庭。而且，土地承包经营权是可以继承的。但是土地与人身绑定关系过于刚性，土地的经营权没有从承包权中分离出来，导致土地不能交易。同时，由于农村土地在"三权分置"政策出台前也不能抵押，也不能入股，土地的财产属性完全被剥夺，既然土地不是财产，何谈土地的交易呢？

二　农村土地交易的探索

农村土地不具有财产性质，也就不能交易，但是农村土地转为国有土地以后就具有了财产性质，土地就具有了交易的特性。这就是农村土地的"变性"。按照《土地管理法》，土地"变性"是由政府决定，出于公共利益需要。但是对于公共利益的标准国家并没有给予一个非常严格的限定，对于公共利益的概念解释是有理论上的定义的。但是理论的定义与现实之间的关系非常微妙。主要是农村土地"变性"为国有土地，即便是最终规划为商业住宅，其也是符合国家发展规划的，这种规划也可以说是为了公共利益。因此，由于公共利益的解释权在政府，农村土地"变性"公益性理由就可以由地方政府来解释界定。因此，在过去20年，中国房地产市场开发的黄金20年里，大多数农村"变性"的土地除了因为建设高速公路、铁路以及基础设施，满足公共利益需求外，大多数商业住宅也是以这种理由由地方政府征收"变性"，然后再"招拍挂"交易出去的。政府征收土地根据《土地管理法》以土地年产出价值乘以不同数量的年份，用土地产出价值替代土地交易价值作为征收标准。政府获得土地以后按照市场交易价格拍卖土地，土地的有限性决定了土地的珍惜性，因此拍卖方式是针对稀有产品才有的交易方式。这样，政府通过"征收－拍卖"的方式获得大量的中间利差，形成我们经常听说的土地财政。

这是农村土地"变性"的基本分析。但是这不能算是农村土地交易，只能是国家对农村土地征收。至于政府对"变性"后的土地"招拍挂"，那是土地交易行为，但是此时的土地已经变性为国有土地，已经不是农村土地的交易了。

那么按照这样的分析，在农村土地不具有财产性质之前，土地的流转不管采用何种形式，只要没有改变土地性质就一定是土地的非市场交易行为。但是，有一点是可以肯定的：农村土地并不是不存在土地使用权的短期租赁。比如，土地承包人全家外出打工，将土地转给邻居耕种，每年邻居给土地承包人 200—500 元的租金，或者直接以土地产出物按照协商的数量进行交换。但是，这不属于有交易市场的土地短期交易行为。原因是，这种短期的出租行为（即便时间很长，但肯定是在承包期内）并不是市场化的，主要发生在集体成员内，或者亲戚间，很少有将土地租给集体外成员的。当然，在大城市郊区有些专门种菜的菜农利用郊区农村的土地种菜，但是这种租赁行为都是个体间的，也不存在市场，也没有规范的交易程序，也没有竞价的机制，甚至没有合同，只是口头约定。因此，这种行为并不是市场交易。我们之前用流转形容土地确定具有财产性质是非常准确的。

但是也有学者认为，土地的使用权即使短期出租也属于交易行为。我们认为这是不严谨的。交易的过程应该是信息公开且群体参与的行为。在农村，土地财产性质缺失。所谓土地租赁行为只是对土地产出物的补偿行为。因为土地承包人拥有对土地维护和监管的责任，土地承租人有责任向土地承包人提供土地的管理和监管补偿。因此，我们认为在土地获得财产属性之前，不存在严格意义上的农村土地交易。

但是一些省份出现一些叫作土地交易市场的机构。那么，这种机构是农村土地市场交易机构吗？

请看以下的一篇报道。

近几年，各地农村产权交易所建设呈爆发之势，有的地方政府的想法是，先建起来把坑填满，规范完善的事等有人管了再说。自然，各种问题跟随而来，运行维艰生存忧，2016年两会代表们和业内人士为破解这一个个难题也是操碎了心。

"这只是个虚拟地址"

随着中央对农村产权制度改革的重视，各地政府纷纷要求职能部门推进农村产权交易市场建设，从地级市向县级市蔓延，要么争取速度，"省内最早建立"，要么争取量，"所有县（市）全部建立"，至于如何运行是以后的事情，有官员透露称，"地方政府的想法很简单，不管合不合规，先建立，等部门规范化以后，再做改变。"

2014年秋天，上海市人大代表厉明依据地址寻找上海农业产权交易所时发现来到一个工业区，"这只是个虚拟地址"，工业区的保安看着他提供的地址说到。经过一番寻找，后明最终找到了上海农业产权交易所办公地址，发现5年来它的成交量几乎为零，办公室内的电脑和交易册上满是灰尘。

上海农村产权交易所于2009年组建，另外一边，上海农业产权交易所和上海农业要素交易所作为上海农交所的两个专业市场同时挂牌成立。相较上海农业产权交易所，上海农业要素交易所的硬件设施和工作氛围要好得多，但同样地，几乎没有什么交易活动。

针对全国农村产权交易市场野蛮生长状况，国务院印发《关于引导农村产权流转交易市场健康发展的意见》做了明确规定，要坚持因地制宜，是否设立市场要从各地实际出发，合理布局，不能搞行政瞎指挥；要坚持稳步推进，在有需求、有条件的地方积极探索新的市场形式，不急于求成，不片面追求速度和规模。

农村产权交易市场是为服务农村改革而建立，如果忽视市场建设规律，片面追求数量，造成部分农村产权交易所功效形同虚设，还将徒增地方财政支出负担，实在是得不偿失。

报成交量生存忧

市场上，数据说话。稍加注意，我们经常能在媒体上看到各地农村产权交易业务的"大数据"，如去年广东省各级平台服务农村产权交易19.7万宗，交易金额约1466亿元；去年上半年合肥市共完成农村产权交易404宗，成交额达10.01亿元。数据凸显了农村产权交易所的光鲜繁荣面，但背后有状况。

首先，成交量有待商榷。如江苏省东海县农村产权交易在交易统计报告中提到，在其成立的前九个月内，累计完成交易526笔，交易额近8300万元，但是严格按照公开交易规范操作完成的仅有97笔交易。据南京农业大学学者分析，东海县农交所可能将县域内发生的私下成交量全部算入，或者指的是鉴证的数量，而不是实际产权交易。这不是谎报交易量的孤例，据华中科技大学中国乡村治理研究中心王德福考察发现，某市农村产权交易所声称截至2014年底共完成2030宗交易，但是真正属于交易业务的几乎没有。

交易业务量少是大部分农村产权交易市场的普遍问题，如天津农村产权交易所在自成立至今的五年内只完成了27笔交易，在头三年仅完成了5笔交易。瑞安市中禾土地流转信息咨询有限公司则因业务量少（只完成两笔交易）而倒闭。

农村产权交易所每年需花费数十万或上百万运营成本，成交量少，这无疑给会带来生存压力。农交所是非盈利性质，但并不是没有收入，部分农交所只对农户个体免费服务，对社会组织还是会收取一定费用。

有所为而有所不为

成交量少是多方原因造成的，需要一个个去解决，制度上，确权登记将逐渐解决农村产权缺失问题，观念上，农民工市民化也将增强农户流转意愿，运营操作层面上的问题，亟需农村产权交易所自身更多地从市场角度找到解决之道。

中央近几年特别强调以"人"为核心，比如以人为核心的新型城镇化建设，政协委员杜时贵参加2016年两会时建议，农村产权交易市场建设也要从人入手，"嘉兴各级农村产权交易中心专职从业人员仅有10人，大部分由农经人员甚至会计代理中心的会计人员兼任。既未经过专门的上岗培训，从业人员专业素质普遍较低，也难以承担大量的审查、核实、交易服务等工作，直接影响农村产权的交易质量"。应该通过培训加强工作人员的业务能力，逐步提高农村产权交易专业化水平。

另外，他还建议，政府应引导中介服务机构为各类农村产权交易提供法律咨询、产权评估、融资担保、交易、公证等配套服务。这符合李克强总理强调的简政放权要求，有所为而有所不为，也是在遵循市场规则，让专业的人做专业的事。

实际上，有些地方政府已经在这样做了，并且取得了较好的成效。如新疆的昌吉州、安徽的阜阳市、湖南的永州、湖南的汉寿，都与土流网展开政企合作模式，由土流网负责提供全方面的服务工作，如信息发布、实地勘测、市场评估、招商引资和项目开发等，当地政府职能部门专注审批登记和管理监督工作即可。[①]

这篇文章是2016年对农村土地交易市场的介绍。当时，所有的农村土地都不具有财产性质，因此土地不可能具有交易的属性。土地产权的拥有者也没有真正的土地交易动机，因此土地交易并不可能真正存在。当然，还有一个例外，那就是重庆的地票制度。重庆的地票制度是将土地征收的权利和

---

① 《农村产权交易所遇上什么麻烦了？》，土流网，https://www.tuliu.com/read-24333.html。

拍卖的权利转给了市场，政府在土地交易完成以后按照约定的比例将土地增值的部分分配给土地的所有者集体、承包者家庭，以及市场的监管者——政府。其做法是一种准"同地同权"。但是，地票制度是在政府主导下的交易，尤其是涉及土地增值收益的分配部分，政府由于要分一杯羹，因此既是交易主体之一，又是市场管理者，既是裁判，也是运动员，客观上存在农民的利益与地方政府利益的谈判问题。在信息不对称的情况下，政府强势介入确定增值分配比例就有一种强制性。因此，地票制度也不是一种严格的市场交易行为，只能是准市场交易。

所以，在土地没有财产属性之前，所有的称作土地交易的机构都是"挂羊头卖狗肉"。

第二节　农村土地市场化交易的主体与客体

一　职业农民、资本与现代耕作技术

前面已经讲过农村土地市场化交易的目的是土地集约化经营，土地的集约化生产模式是对传统农业生产模式的创新。

集约化生产不只是土地规模化，土地规模化经营是集约化的一种生产方式而已。集约化经营的基本内涵有本义和现代意义两种解释。《辞海》解释"集约"本义为：农业上在同一面积投入较多的生产资料和劳动进行精耕细作，用提高单位面积产量的方法来增加产品总量的经营方式。现代意义的"集约化经营"的内涵，则是从苏联引进的。1958年苏联经济学家第一次引用"集约"一词，解释其义为：指在社会经济活动中，在同一经济范围内，通过经营要素质量的提高、要素含量的增加、要素投入的集中以及要素组合方式的调整来增进效益的经营方式。简言之，"集约"是相对"粗放"而言，

集约化经营是以效益(社会效益和经济效益)为根本对经营诸要素重组,实现最小的成本获得最大的投资回报。农业的集约化是对农业现有资源重新整理后,引进新的经营模式和技术,使资源的整合效应倍数于传统的生产方式。因此,可以是土地的规模化,也可以是集中利用某一要素的精准生产,比如蔬菜的专业生产。当然,在土地比较充足、适合规模经营的情况下,大规模的经营方式既能节约成本,也给资源的组合提供更广阔的空间,所以平时看到的集约化表达出来的形式以规模化经营较多。

不过,针对我国多农业经营环境、多地形和土地自然状态,只要能使土地要素与技术要素和管理要素进行最优化配置就是集约化。

不管什么样的集约化,肯定有专业的生产模式,需要专业的管理,需要先进的技术,需要便捷高效的农业服务体系,需要有职业感的农民,而这些没有一样不需要资本与之配合。所以,中国农业的供给侧革命性创新离不开资本、职业农民和现代耕作技术。"三权分置"是"二权分立"的延伸,我们认为从本质上讲,是在推动土地交易高效化下的引进资本和职业农民的便利化。

当土地在"三权分置"的基础上具有使用权的财产特征以后,土地流转的动力就来源于其流转后的收益的增加值。传统农业在中国体现为土地承包制下的小农生产模式,土地在这种生产模式下的产出效率是非常低的。按照木桶理论,农民经营土地的积极性是短板,提高农民的积极性就是把短板补上,补上之后,这只木桶是只不漏水的木桶,但是变不成有更大容积的大木桶,要变成大木桶就必须改变木桶的盛水方式,进行革命性创新。这就是把原有的经营模式进行彻底革命性的创新。

用新的农业经营模式完全替代旧的生产模式,现在正是时机。因为,刚好我们的劳动力正在快速转移,我们的土地可以不再承担农民的生存保障功能,我们的资本现在正在寻找产业增长点,那些沉淀在房地产的资金需要有个出口，我们的农业生产技术——育种技术、耕作技术、土地改造技术、灌溉技术、光合作用技术、病虫害防治技术、大型农业机械生产技术、智能化社会产业间的协调技术和服务已经具备了配合农业新模式运作的条件。

先说资本。国家资本，国家财政收入在近十年都是以两位数的速度增长，以远远超过 GDP 的增长速度在增长。中国政府是最有资源掌控力的政府，3 万亿元的外汇储备，以及远远低于国际公认的负债比例，中国因此在十八大后启动了"一带一路"倡议、京津冀协调发展战略，中国有足够的资本储备来应对农业生产模式的创新投资，尤其是在 2018 年中央一号文件中明确提出：确保财政投入持续增长，公共财政更大力度向"三农"倾斜。财政投入既要"真金白银"，也要"四两拨千斤"，撬动更多金融资金和社会资金投向乡村振兴。中国的投资向来是看"国风"，国有资本的风刮向哪，民营资本和外资就跟向哪。农业与其他产业的发展规律是不同的，投入规模大，投入产出周期长，效益增加缓慢。因此，必须建立一整套有利于资金进入的政策环境制度体系。

第一，土地使用权的财产性界定已经毫无异议。现在要做的是做好土地交易市场建设。2018 年中央一号文件明确提出改进土地占补平衡管理办法，建立高标准农田建设等新增土地指标和城乡建设用地增减挂钩节余指标跨省域调剂机制，将所得收益通过支出预算全部用于巩固脱贫攻坚成果和支持实施乡村振兴战略。一是通过高标准农田建设补充土地，质量有保障，真正可以做到"占优补优"。二是可以缓解后备土地资源匮乏的省份土地占补平衡压力。三是有利于生态保护。农地调整的指标可以在全国范围内调整，其调整后的收益中由国家获得的部分形成后续农地发展基金，这样就可以形成一个资金增长的正循环机制。

第二，农村宅基地的土地使用权交易机制应该迅速建立起来。由于我国地区发展不平衡，农业经济和自然条件差异比较大，土地整理和土地规划要形成灵活的土地指标流转机制。适合耕种的宅基地可以交易置换，整理复垦，将宅基地的指标转到中小城市的郊区建设用地，指标置换、市场化的土地指标交易，既让农民获得宅基地流转的收益，同时也客观推动城镇化进程。农民进而可以利用这些宅基地流转收益获取创业资金，以及购买城市资产的资金，在土地充分利用的同时可以加快转移劳动力。当然，这需要政府先期垫资或者引进民资甚至外资，为农村土地整理、撤乡并村、空心村宅基地复垦土地、农民宅基地指标转城镇建设用地指标提供资金支撑。

第三，确立国家资本对农业公共产品的投资机制。能源节约型的农田水利设施、交通设施、农田电力设施、农村公共设施的建设收益性差，土地整理及土壤改造项目属于公共产品，国家应该建立投资体系和投资机制。以农业基础设施及科技投入为例，中国的农业基础投入相对薄弱，国家主要投资重大基础设施，主要是水库、道路、山川河流改造等，农业生产的设备及终端的基础设施等还需要农户投资，存在基础设施投资不够均衡的现象。科技投入也有同样的现象，从投资的统计资料来看，中国农业基础设施投资与科技研发投入总额占农业总产值的比重不足1%，表现为投入相对薄弱。美国政府对基础设施，1950—2001年投资360亿美元，2014—2023年计划投入480亿美元；在技术研发方面，2000年政府的投资为995.6亿美元，转移支出投资为2578.30亿美元；到2012年政府的投资达到1524.20亿美元，转移支出投资为4701.14亿美元。据统计，2015年美国农业基础设施投资占农业总产值的比重在1.5%左右，农业技术研发投入占农业总产值的比重在2.8%左右，可见我国农业投入与美国相比还有很大差距。而基础设施的投入应该以国家财政投入为主，2018年中央一号文件明确提出中央财政资金要向农业倾斜的战略。

第四，涉及的农业人口转移补贴支持资金也应该由财政支持。农村集体公共建设土地、农民宅基地使用权流转的价格通过市场界定后,与外部资金进行整合(包括入股、转移、租赁等),由市场决定资本的组合方式,由土地的所有权主体和使用权主体进行独立谈判,或委托独立谈判。政府给予指导和引导,让资金与土地要素能在公平的市场交易环境中尽快组合,组建股份制企业、合作性的合作社等。完成土地集约化需要的资本融合。打通国际农业土地整合的金融通道,制定国际农业土地整合政策,制定金融风险防范机制。

第五,为吸引农业外资金创建条件。农村人口的转移也是为了土地能够转移,随着传统农业劳动力自然生老病死的代际变化,传统生产手段让位于现代农业技术,土地交易支持传统劳动力在城市获得基本的生存机会,并依托社会福利体系保证其基本的生活水平,这自然有助于农民的快速城镇化。留下的土地通过引进农业资本,完成规模化的经营设计。资本之所以愿意进入农业生产领域,是因为有利可图。现代耕作技术之所以能够应用于农业生产是因为可以提高效率,获得成本优势、竞争优势。这些都离不开土地的集约化经营,离不开现代的农业经营模式。

二 关于进入农业的资本问题

不同地区对资本吸引的能力不同,这需要研究我国西部、中部、东部不同经济发展区域的特点和现状,根据不同地区的农业发展目标,确定各地区吸引外资进入农业生产领域的比较优势,并将各地区农业生产的优势因素与国外农业生产先进国家进行比较,寻找可借鉴的国家和地区,研究其农业发展模式的国内适用性,确定我国各地区可借鉴的农业生产模式,为外资的进入做好前期的战略准备。

研究确定不同地区外资进入农业生产领域的不同模式,结合当地情况确定不同地区外资进入模式,比如,根据东北、华北土地面积广阔的特点,以及东北、华北的农业与美国密西西比河平原具有相似性，可以考虑借鉴美国农业的经营模式，设计我国东北地区的企业化农场经营模式；华南、华中、东南地区根据农业人口密集、土地以小块为主的特点，以及具有的与日本和荷兰农业生产环境的相似性，可以借鉴日本农业组织模式，建立精耕细作型的集约化经营模式，借鉴荷兰花卉农业的特点结合本地情况设计一些经济作物的经营模式；西南地区及西北地区根据具有较丰富的旅游资源特点，可以借鉴澳大利亚旅游农业形成自己的旅游农业模式；当然还可以借鉴更多先进农业生产国家的经验，结合当地特点设计外资可能进入的经营模式；但是，不管哪种模式，我们的目的都是要形成农业的产业化生产。建立现代化集约型农业，要求土地集中经营，结合我国农业人口较多、人口密集的特点，我们建议可以通过农民土地使用权的股权化来完成外资进入后的土地与资本的结合。在该模式中详细确定农民土地经营权股权化在现代化外资农业企业中的股权分配的比例，以分红的方法，并依此制定吸引外资的综合优惠措施，以及分地区的优惠措施，农业基础设施差、前期投入高的地区的优惠措施要明显不同于发展环境好的地区。

农民土地使用权股权化是降低我国农业人口比重、转移农业人口的关键，也是实现外资进入农业生产领域，实现土地集约化生产的前提和基础。对农民土地股权化以后形成的分红如何分配的问题进行重点研究，主要涉及：土地经营权的性质与权责范围，土地经营权的价值确定，土地经营权股权化后在资本总量中比例的确定。为了保证农民在土地经营权转化后不会出现贫穷化的趋势，我们考虑将分红的资金分为两部分，一部分为农民的养老、医疗、最低生活保障基金，成为社保类基金，另一部分为保证农民失地后进行职业转化培训的基金，可成为职业转化培训基金。股权分红中的社保类基金由政府管理并按照社保政策进行发放。职业转化培训基金为农民职业转化提供资金支持，可由民间组织管理，政府对培训体系和职业培训内容进行监督和评估，保障农民通过这部分资金完成职业技能的提升，这是农业劳动力向其他产业转化的保证。必须保障股权分红中的分配比例，制定社会保障基金，农民职业转化培训基金分配的比例及管理办法。尤其涉及股权是否可交易及如何交易问题，应作为研究重点。另外还要研究建立保证股权分红的保险机制，保证失地农民能够稳定地获得股权分红。

资本进入农业生产领域后，形成的集约化生产必然要求一体化服务体系迅速形成，而带动形成产业服务链是解决农民土地经营权转化后农民就业问题的主要途径。所以需要研究制定详细的激励策略和方法，确定通过农业外资进入生产领域后的产业链的建立，在短期内迅速完成吸纳农村剩余人口。这需要预测土地股权化后的失地农民的就业率，以及就业岗位的设置及技能要求，配合农民职业转化培训体系的建立，完成失地未就业人口的安置、转化。

农民土地经营权股权化以后，必须迅速完成失地农民职业化转化，完成农业劳动力的转移，防止农民由于失地而更加贫穷。这需要利用股权分红形成的农民职业转化培训基金，研究建立失地农民职业转化培训体系，结合外资进入农业生产领域建立产业服务链后所需岗位及要求，设计培训的内容及模式，保证经过职业转化培训后，具有劳动能力的失地农民能够迅速就业。

尽快降低影响国际资本进入农业生产领域的各种政策、法律、政府职能、农民利益等障碍，确定不同性质的国外资本进入农业生产领域的运营及回报机制，确定不同引资阶段的综合策略，研究确定国际资本进入农业生产领域不同阶段的政策、法律、法规、政府职能的调整方案。

三 职业农民，让农民回归职业的属性

2018年中央一号文件提出要培养职业农民。什么叫职业农民？现在的农民为什么不叫职业农民？现在的农民叫什么？只能叫传统农民，传统农民依

赖农业产生的产品保证生存的需要。职业农民是什么农民？职业农民是获取农业收益，依靠农业利润获取职业发展的一种职业选择。农民不再是身份的标签，而是职业的选择。农业经营是一个类似于工业可以集约化、规模化、高技术化、高自动化的产业。其使用的劳动力很少但形成的产值很大。美国一个职业农民可以养活300个人，我们一个传统农民只能养活5个或者6个人。国外的农业是资本密集型农业，我们是劳动力密集型农业，美国的农业是高技术农业，我国的农业是传统经验经营型农业。农业的供给侧改革，不是仅仅需要某个点的改革，而是面的改革，甚至可以说必须是立体的全方位的改革，是革命性的改革，真正将农民转化为有技术和管理能力的农业人才。走出去城里是打工的，回到农村是打造天地的农业精英。

当前，我国农村从事农业生产的劳动力基本在50岁左右，年轻人或者打工或者上学。随着社会福利体系一体化，打工的已经具有了城市生活能力，大多已经习惯了市民生活，可以说基本都是准市民。上学的回家种地的概率是零。留在农村的大多是那些没有能力打工、老弱病残的。尚未老或者正在变老的农业劳动力保持农村的基础产出没有问题，但是保证农业产出效率的飞跃性提升是不可能的。

新型职业农民，不仅是高素质的农业工人，还是高素质的农业技术人员，高素质的农业管理人员，以及与农业相关的服务组织人员。只要是在农业生产组织中从事农业生产经营工作的具有一定技术和技能水平的人员都是职业农民。目前来看，农业农村部对登记入库的100多万名新型职业农民的分析显示，初中文化程度的占67.58%，高中（含中专）文化程度的占23.10%，大专及以上文化程度的占4.95%，远高于全国平均水平；从年龄上看，18—45岁的占53.65%，46—60岁的占44.40%。可以看出当前农村中从事农业生产的人员学历较低，年龄偏大。新的农业技术、农业机械、农村水利电力设施的应用受到其学识能力的限制而无法在新型农业组织中发挥作用。有了有技术的职业农民，还可以形成农民职业团队，比如从四川省广汉市农业局的统计数据可以窥见一斑：当地流转土地中的80%流转给了新型职业农民，而在2015年的农业总产值中，职业农民贡献近40%。贵州省石阡县新型职业农民吴德强，流转了200多亩土地种植水蜜桃，成立了果业专业合作社，收入逐年上升。在他的带动下，当地农民纷纷加入合作社，目前全乡水果种植面积达3000多亩，带动果农50多户，果业成了当地的特色产业。

职业农民可以是工人和技术人员，更希望是农场主，一个具有高级农场管理能力的农场主相当于一个高级的农业经营团队的组织者，培养造就一个农场主相当于培养了现代农业经营模式的推广者，大量的职业农场主出现就意味着出现了大量的农业规模经营者。当新型职业农民成为现代农业发展的主体力量，适度规模经营也就实现了。新型职业农民的产出效率应该远远高于传统的农民，以一当十、当一百、当一千也是可能的，其中在新型农业经营模式下，产出效率的成倍提升必然会是与农业的新技术、新科学、新生产模式同步发展的。现代化的农村是以公司经营、农场主经营为主导模式，是大量使用现代农业机械、现代耕种技术的农业生产团队。这个团队的劳动力就是职业农民。像现代公司中有才能的人员会形成优质劳动力资源一样，农业生产组织也应该将大量大学生、高级农民技工和专利持有人、先进耕作技术的掌握者纳入职业农民的体系。未来的农村应该是以农场总部和公司生产基地为特征的农村。

职业农民除了来自具有一定技术和知识的人才外，还可以就地将当地传统农民转为职业农民，尤其是没有外出务工，但是有一定劳动技能的人。没有劳动技能的农村劳动力只要有意愿，可以通过培训，成为具有劳动技能的人。这也是传统农民转为职业农民的一条渠道。这不仅解决了农村劳动力就业的问题，也节约了农场及农业经营公司的招聘成本。使用本地劳动力不仅可以降低劳动力成本，还可以促进土地的流转，包括入股、租赁等。比如，《农民日报》报道的山西农场主刘洁雇用本地残疾农民，促进土地流转的案例就很有代表性。她是陕西省三原县鲁桥镇东里村的瑞洁种植家庭农场的农场主，她的50亩家庭农场以蘑菇种植和加工为主。"我们农场现在结对帮扶周边80个残疾人，他们可以把土地流转给农场，拿地租和分红，有劳动能力的可以来打工学技术。"刘洁说，从2015起，农场帮扶的贫困户达200多户，农场已成为县里重要的残疾人扶贫基地。而在湖南省宁乡市沙田村，新型职业农民创办管理湘都生态农业园，生态农业园需要有配套的农村环境，除了雇用本地农民工作外，还通过补贴、借款、投资的方式，帮农民把宅基地的旧房改造成农家乐和其他配套的设施用房，改造当地乡村环境，引来大批游客，让当地农民每户能收益15万元。

农村劳动力有转移的，也肯定有留下的，转移出去的劳动力通过城镇化成了市民。有技术、有资本、有经营特质的社会各类人才通过创新农业经营模式，成为职业农民的管理层和技术层。当地无法转出的农民，可以通过这些农业新型综合体，通过培训、被雇用成为普通的职业农民，形成职业农民的梯队模式。

四 职业农民队伍的形成有一个过程

初始阶段，农村大量的农民通过在城市打工、升学，通过获得城市福利而留在城市。其土地留在农村，在土地确权以后，土地流转收益增加，土地流转动机增强，在土地交易市场建立以后，资本进入农业领域，进而吸引大量农业资本经营者、农业技术人员、农业管理者进入农村，形成真正的职业农民。未能到城市打工的具有一定劳动能力的农民，则可以通过培训成为新型农业综合体的雇员，也就是职业农民的一部分。这样就形成了新型农业的职业体系，这样，我国的职业农民才能形成和壮大起来。

中国农业到目前为止还处于半手工半机械化的生产方式中，农业的现代化水平相对较低。特别是在家庭联产承包责任制下，除了播种和收割以外，其他劳动还是以手工为主，致使中国农村的现代化水平相对不高。美国农业在20世纪40年代就实现了生产的机械化，60年代实现了翻地、整地、播种、田间管理、收获、干燥等过程的机械化，70年代完成棉花、甜菜等经济作物从生产到收获的机械化，现在已经把计算机普遍应用于农机以及农业管理，其农业现代化程度已经相当高，人均种植18211亩土地，平均亩产超过500公斤，最高亩产超过1000公斤，是世界上效率最高的农业，在这方面值得我国借鉴。①

第三节 农村土地市场化交易的模式探索

一 建立土地使用权、经营权交易市场的探索

1.重庆的地票模式

重庆的地票交易机制不是市场化的交易机制，只能是半市场状态。真正的农地使用权交易市场应该是信息对称透明的。只要把土地当作一种财产或者资源形式进行流动，在符合规划的前提下，必然涉及四个问题：第一，财产权利主体明确；第二，交易规则清晰；第三，供需市场公平透明；第四，增值利益分配合理。先看看现存的农村建设用地准交易市场的形式。

将复垦宅基地以及其他集体建设用地复垦后作为"地票"，供给城市建设用地供应市场，通过竞价机制形成供需市场。交易后的收益按照不同供给土地的交易前的分配合约确定增值收益分配，如果是农地的宅基地根据国家规定的每户合法面积可获得85%的收益，其他为村委会的公益收益。如果是

---

① 部分内容见《农民日报》2016年11月1日，第01版。

集体建设用地复垦的，另行确定土地增值收益比例。供方是有复垦土地的农民和集体组织，需方是用地企业，市场是政府搭建的交易平台。

2. 南海入股模式

通过股份合作形式进行土地集中，并进行较为详尽的集中规划，进而直接出租土地，或者通过完善基础设施（厂房）等后出租，农民将土地作价入股，量化其股份，最后凭借其股份享受分红的权益，而股份公司通过土地经营获取收益，在扣除相关税费、弥补公司亏损并预留10%的福利基金之后，49%作为分红的总额度，按照占股比例分给农户，51%作为公司的发展基金和福利基金，在土地集中规划并出租的整个过程中，并不改变土地的所有权性质，这种模式被称为南海模式。供方符合规划集体建设用地要求，供方主要是"旧城镇、旧厂房、旧村居"等主体，需方是用地企业，市场是政府主导下建立的土地交易平台。

3. 成都增减挂钩模式

在成都市区域内，城镇和农村的集体建设用地的增减挂钩（类似重庆的地票），其供给的土地资源有：将通过对农村土地的整理取得集体建设用地指标后获得的建设用地指标作为交易标的物；在符合城市发展规划的基础上取得的在集镇或建制镇的建设用地；远离城镇无法实施土地整理的山区、深丘区等的农户依法取得的宅基地等集体建设用地。交易市场是由自然资源局（出资50%）、市房管局（出资25%）、园林局（出资12.5%）和农委及下属单位（出资12.5%）组成。组建产权交易所。用地单位为企业。

二 对现有土地交易市场的评价

就现有的交易的土地性质来看，其一，基本都是农村集体建设用地，或者经过整理后调整出的建设用地，尚不存在土地的纯粹市场交易；其二，土地交易市场基本都是政府主导甚至政府不同主管部门亲自操刀建设的交易市场；其三，土地交易的供方能够达成一致，土地交易的增值收益的分配清晰且合理，能够获得大部分土地使用权主体的认同；其四，土地交易信息比较对称，双方是通过竞价方式形成供需平衡的，达到市场出清；其五，土地交易规模小，土地交易尚未普遍推开，尚处于探索阶段。

因此，上述三种实验性土地交易市场机制还不成熟，其运作流程、资格审批、信息透明性、交易的规范化、土地初始价格评估都还不完善，需要进行系统设计和建设才能够应对大规模的土地市场化交易。

三 农地市场化交易的前提和基础

农地交易既然是市场化的，那么就必然涉及交易的双方是合法地具有产权交易资格的主体、交易的标的物，农村土地是法律法规允许的。交易主体地位是对等的，针对交易标的物，双方拥有对价格的商讨权，目前基本采取竞价方式形成土地价值。其实，在土地竞价前必须有土地初始价格，这个价格形成的依据现在没有统一，即使是土地评估机构现在也没有全国统一的评价标准，需要在土地市场成立前设计土地评估机制，确定初始价格的评估主体资格，以便于能够为土地市场竞价及时准确推出与土地价值相对等的初始价格，竞价过程就是供需力量竞价形成价格的过程。这是以土地初始价值为基础进行的。

土地交易的信息必须是清晰的，包括土地交易的区域、交易的土地性质、交易的土地质量、交易后的外部性补偿内容、交易双方的交割期限和方法等都需要规范化。

土地交易必须是合乎规划、合乎法律的，这包括土地交易主体的资格审查机制的建立、资格标准、准入制度、需求方的交易资格审查、需求方使用土地手续的合法认定。因此，必须有一整套资格审查机制，这相当于市场准入制度，只有这样才能保证交易市场的土地是合法合规的。

土地交易市场的对接机制，包括土地后续的拆迁、整理、资金的划转等体系，社会福利机制的对接，户籍制度，补偿性建设用房的供给等需要有一套政府提供的社会化机制参与土地交易的后续程序，因此，土地市场机制不是单纯交易双方和土地平台的建设，还需要有更多的政府部门和社会机构参与其中。

四 城乡土地交易一体化：统一市场，分类交易

土地确权以后的使用权，只要符合规划和国家法律法规，直接将土地的物理性质信息上网审批之后进入交易市场进行土地展示，获得土地初始评估的可以给定参考评估价值。农用地、建设用地按照"同地同权"的标准审定交易资格和交易标的物的物理特性。在交易期内完成该土地的竞价，获得最终的出清价格。

有了出清价格，按照所有权主体、使用权主体的增值收益比例分配收益总额。土地获得者办理产权转移手续。

土地由集体建设用地转为城市用地的，政府进行资格审核，不管是通过土地整理的土地指标，还是原有的郊区农村集体建设用地指标，一律在土地交易市场进行交易。政府只对交易增值收益征收交易税和房地产持有税（正在论证中）。交易税是以交易增值收益为征税税基的税收，房地产持有税是使用国有土地的税收。在土地交易市场建立前后，征收地按照老办法，市场交易土地按照新办法征税。这样，既抑制了地方政府获得土地财政的冲动，同时又能够通过房地产市场建立持久的税收收入，保证地方政府能够利用这些收入进行市政设施建设、城市公共设施建设等。

土地交易市场一旦建立，就不能再有"同地不同权，同地不同利"的情况。地方政府将土地财政思路转换为建立土地交易市场获取房地产持有税的税后收入的思路。从短期一次性收入变为长期收入，这既可以保证地方政

府的持久性收入，也可以抑制房地产过度投资，因为，房地产持有税的征收必然抑制大量的投机需求。每个家庭中限定面积内是不收税的，限定面积外的税收是对投机性房地产需求的严格抑制。这也就能做到习主席一直强调的"房子是用来住的"这一论断。

农村土地交易制度与规划下的交易制度设计迫在眉睫。

一切土地交易的行为都必须在法律法规规定的制度下进行，一切土地交易市场都必须是具有合法资格的交易主体的市场，一切交易必须是信息透明、公平合理的交易，一切在土地的市场定价下形成的增值都必须考虑到土地产权主体间的增值收益分配的比例。而这些都是要制度化设计才能保证行为的合法性、主体的合法性、公平的保证性。2018年中央一号文件提出支持农村宅基地使用权的市场化转让，但是明确界定其不能用于别墅等奢侈住所建设。其实，这正是需要一系列制度建设来界定交易主体和交易行为的。通过法律法规给农民流转其宅基地一个清晰的法律环境。对于获得农民宅基地的主体资格要在限制中有所排除，比如，如果城市居民是进行投资和做职业农民的应该给予资格放行。对农民宅基地单纯地进行投资性或投机性买卖的必须严格禁止。而这些对资格主体的限制及对资格主体的审核和监控方式，不能仅仅依靠一纸政策文件，这需要系统性的制度设计。

除此之外，中国的农村环境千差万别，我们允许不同地区根据其自然环境的特点、土地的物理属性设定不同的交易方式。比如，地票的存在、土地使用指标的交易等。这些是形式上的多样性，应该被允许，只要能保证交易过程是透明的，交易主体是合法的，交易的增值收益在主体间的分配比是公平的就可以了。

所以，我们一方面要鼓励资本进入农村，另一方面要制定法律规范对资本进入的行为进行约束，所有的符合农村土地各种规划的行为都应该是被认可的，没有一系列的交易制度组成的交易体系是不可能保证市场化的规范运行的。这些体系除了包括对交易主体资格、土地交易用途、土地交易后的增值收益分配的界定，还要包括对农地的初始质量评估的办法及主体的界定、对农地入市的信息化要求、土地流转后的社会服务体系的对接等内容。土地市场化交易任重而道远。

第五章

农村土地市场化交易制度研究

第一节 农村土地市场化交易的路径分析

农村土地市场化交易的客体是农村土地的使用权与交易权。使用权就是我们平常说的土地家庭承包权。土地交易的主体在不同的土地交易行为中是不同的。涉及土地"变性"的交易部分，土地交易的供方主体是集体经济组织和家庭承包户，需方主体是代表国家的政府；农村土地"不变性"的经营权交易只涉及农村土地承包人，农村集体经济组织只是土地交易过程的监管者，只要承包人在土地经营权交易中不涉及损害集体经济利益、改变土地性质、损害其他成员经济利益的行为，集体经济组织就不存在干涉土地经营权交易的问题。当然，集体经济组织的代表可以受委托作为土地承包人的交易代理人参与谈判，但这种角色和责任不是必然的。

一 农村土地"变性"下的土地交易制度分析

农村土地"变性"意味着农村集体经济组织对土地所有权的丧失，如果此土地属于农村集体的未被承包的荒山、滩涂或者其他非生产用地，则只涉及农村集体组织全体成员的利益，农村集体组织共同商定土地交易决策；对于属于家庭承包的土地，这意味着土地的所有者和承包人共同决定土地的交易决策。按照公平公正的原则，即便是国家出于公共利益征收土地也必须按照市场公正的价格进行土地的征收。

地方政府的土地财政是农地"变性"的需求动力。2018年党的十九届三中全会审议通过的《中共中央关于深化党和国家机构改革的决定》以及十三届全国人大一次会议批准的《国务院机构改革方案》确定了国税地税的合并决策。改革国税地税征管体制：将省级和省级以下国税地税机构合并，具体承担所辖区域内的各项税收、非税收征管等职责。值得注意的是，国税地税机构合并后，实行国家税务总局与省（区、市）人民政府双重领导管理体制。从1994年开始的"分税制"正式终结，当然税制改革完成还需要一段时间。"分税制"的终结简化了征税主体和征税流程，对降低征税成本是有意义的，但这并不是我们探讨的重点。"分税制"的终结对农村土地交易的影响是最大的，地方政府在"分税制"下，通过土地财政获得了大量的预算外收入。"分税制"下，地方政府的收入来源有两个，一个是预算内收入，另一个是预算外收入。预算内收入就是地方税的税收，地方经济越发达，地方政府的预算内收入就越高，因此这成为地方政府发展地方经济的动力，但是国家对地方税收和国家税收的初次分配决定了地方政府无法通过增加地方税来增加政府收入，因此，其地方税收的增加作用是缓慢的，但是地方政府的经济增长考核的要求需要有更多的收入来支持，在这种情况下预算外收入就成为支持地方政府发展经济的主要收入来源。在城市土地交易中的土地出让金的预算外收入成为地方政府收入的可掌握财政收入来源。"分税制"是指根据事权与财权相结合原则，将税种统一划分为中央税（即国税）、地方税（即地税）和中央地方共享税。分税制改革直接导致了地方初次分配财力的急剧下降。分税制改革后，中央财政收入比重大幅度上升，地方财政收入比重大幅度下降，形成了巨大的收支缺口。因此地方政府"卖地"动机强烈，房地产市场降温困难的主要原因在于地方政府的土地财政收入刚性的支撑。

在这种预算外收入激励下，地方政府会尽可能保持房地产的热度，各届地方政府都努力通过出让城市国有土地获取土地出让金收入，当城市土地在各届政府出让殆尽的时候，地方政府对郊区农村土地"变性"的需求将变得越来越强烈。尤其是具有增值潜力的城市郊区土地、"城中村"土地被地方政府征收。分税制的终结使地方政府的土地财政操作空间消失，倒逼地方政府退出土地财政。但是，中国经济必须保持一定的增长速度才能保证国民福利的提高。房产税呼之欲出，中央多次发出实施房产税的信号。

2014年各省份发布的2013年预算执行情况和2014年预算草案报告显示，多省份的土地出让金收入已经超过税收收入。2013年国土资源部统计数据显示，当年全国土地出让收入总金额达4.1万亿元，刷新历史高位。而2001年到2013年，地方政府土地出让金收入占地方财政总收入的比例也从16.6%上升到76.6%。2018年1月25日财政部公布的2017年全国土地出让数据显示，2017年国有土地使用权出让收入为52059亿元，同比增长40.7%。值得注意的是，这也是2013年以来土地出让收入增速最快的一年。个别城市的土地财政收入甚至超了一倍，比如2017年南京市财政收入对土地出让依赖度达到136%，杭州为140%，佛山为141%。[①]

地方财政收入的"钱袋子"主要靠土地财政装满。不难想象地方政府成为农村土地"征收"的急先锋角色的合理性。农村集体土地收入为国有土地的非市场化和国有土地转让给地产项目的市场化决定了土地增值收益的不同。农民仅仅获得土地农产品产出的不同数量、年份的产品价值，而地方政府获得土地作为城市稀有资源的拍卖市场的巨大增值收益。

这次国税地税征管体制改革，不仅降低纳税和税收监管成本，而且地方政府土地财政的空间业已消失。国税地税合并以后地方政府的收入已经全盘处于中央政府的监管之下，预算外收入不可能再像以前那样直接由地方政

[①] 《省级及以下国税地税机构合并，为什么说这一拳打在了高房价的"七寸"上》，凤凰网，http://house.ifeng.com/detail/2018_03_13/51405157_0.shtml。

府把握。原先过度依赖土地出让金的地方财政必须在房地产税的落地和开征中寻找弥补财政缺口的办法。房地产税的开征也有利于降低房地产的非刚性需求，减少房地产的投资性需求，进而降低房地产市场对土地的需求强度。地方政府推进房地产税的动力也会越来越明显。

由于房地产税的收入会作为地方财政来源，中央政府将这一税源形成的收入转给地方政府，增加地方政府的公共基础设施的收入支持。在这种情况下，地方政府既无土地财政的机会也无动机。角色改变以后，作为非利益相关第三方，地方政府通过引导建立城乡一体化的土地交易市场将原来可能"变性"的农村土地推向城乡一体化的土地交易模式具有了可能性。

十八届三中全会通过《中共中央关于全面深化改革若干重大问题的决定》（以下简称《决定》）。《决定》指出，"建立城乡统一的建设用地市场"是"建设统一开放、竞争有序的市场体系"的重要组成部分。十九大又明确提出："建立健全城乡融合发展体制机制和政策体系，加快推进农业农村现代化。巩固和完善农村基本经营制度，深化农村土地制度改革，完善承包地'三权'分置制度。"同时，随着分税制的终结，土地财政也终结，地方政府成为集体土地和国有土地的非直接相关方。因此，城乡土地交易市场一体化的模式需要创新。

二 农村土地的财产性界定让土地具有"同地同权"的可能

2018年中央一号文件明确提出"系统总结农村土地征收、集体经营性建设用地入市、宅基地制度改革试点经验，逐步扩大试点，加快《土地管理法》修改，完善农村土地利用管理政策体系"。农村集体建设用地（含宅基地）"入市"就是进入市场交易，这就涉及农村建设用地与城市建设用地适用的市场交易规则问题，2015年开始，全国33个县开展"农村土地征收、集体经营性建设用地入市、宅基地制度试点改革"，称为"三块地"改革。

2018年中央同意农村土地制度改革三项试点延期一年，分两步把试点内容拓展到全部试点地区，标志着改革已经进入三项试点全面覆盖、统筹推进、深度融合的新阶段。统筹农村集体经营性建设用地入市，盘活利用闲置农房和宅基地，统筹缩小征地范围与农村集体经营性建设用地入市，平衡好国家、集体、个人利益，让农民公平分享土地增值收益。

"三块地"改革就是将农村土地的市场价值体现出来，与国有土地在一个市场上进行土地竞价。只要是符合国家土地规划的农村土地都可以有同等权利入市。目前来看，土地的入市主要是指土地价值的市场发现方面、农村土地征收方式方面、农村宅基地的规划流转方面。

任何土地主体都有追求土地增值收益的动机。以"三块地"改革为分析标准对其市场化问题进行如下探讨。

1. 农村集体土地在征收方面的收益分配问题

农村集体土地在征收方面的收益分配问题主要是土地"变性"方式的创新与增值收益的分配问题。这涉及征收的主体、征收土地价格发现机制、征收后农民的安置问题。现有的以土地产出值作为征收依据的方法已经受到农民的抵制，国家也正在探讨通过修改《土地管理法》改变原有的农地定价机制。目前，试点省份的农地征收主要是协商确定的地价，还没有形成信息公开的竞价机制。主要是土地交易市场尚未建成。基于试点区域的地价形成模式，我们认为可以参考如下方式完善优化农村土地征收的定价机制。

首先，鼓励建立土地交易的拍卖机构。社会土地拍卖机构将所有要交易且符合土地规划的土地交集体组织协调，农民自主决定，将土地信息交土地交易拍卖机构公开，在一定时间内完成农村土地拍卖定价。土地"改性"或者不"改性"以土地规划为依据，土地竞价依据则只以土地的市场供求为准。土地价值确定以后，将此土地的价值与其他社会资本进行结合形成企业，比如入股、租赁等。

其次，土地如果"变性"，那么土地拍卖的增值收益部分，初期由政府主导，集体与承包家庭协商确定分配比例。地方政府不参与增值收益分配，只按照征税依据获得土地的交易税收。当土地交易价格机制形成以后，政府退出过程主导，只监督程序的合法化。

最后，土地"变性"后，农民成为市民，地方政府为转换为市民身份的农民建立统一的社会保障，并提供职业培训和就业指导。

2.集体经营性建设用地入市方面

农村的集体建设用地分为三大类：宅基地、公益性公共设施用地和集体建设经营性用地。农村集体经营性建设用地，在符合规划和用途管制的前提下，可以进入城市的建设用地市场，享受和国有土地同等权利。党的十八届三中全会通过的《决定》要求，"保障农民公平分享土地增值收益"，"建立兼顾国家、集体、个人的土地增值收益分配机制，合理提高个人收益"。这不仅是指导征地制度改革的重要原则，也是指导集体经营性建设用地流转收益分配的重要原则。但是，农村经营性建设用地的增值收益在国家、集体、个人的分配比例方面并没有明确规定。从目前党的十九大和2018年中央一号文件关于城乡融合的政策出发，农村经营性建设用地采用市场化定价机制定价，采用社会中介机构拍卖的方式确定其市场价值，增值收益部分可以按照政府获得交易税收，集体在政府指导下协调分配比例。

但是，由于我国农村土地情况差异较大，目前试点单位采用的分配方式有五种类型。

第一种类型：政府不参与增值收益分配但收取"服务费"。

重庆市垫江县政府办公室2010年发布的文件规定，农村集体土地所有者出让、转让、出租农村集体建设用地使用权所取得的土地收益应当纳入农村集体财产统一管理，但集体经济组织应向县土地行政主管部门按土地流转收益总额的2%缴纳工作经费。

第二种类型：政府只参与初次流转的收益分配。

云南省昆明市于 2010 年对集体建设用地的交易进行了规定：集体建设用地使用权首次流转的土地收益，90%归土地所有权人，10%由县级财政行政主管部门统筹。与此相类似，湖北省嘉鱼县规定，集体经营性建设用地初次流转的收益，县、乡镇、村按 30%、20%和 50%的比例分成，县、乡镇提取的土地收益作为城乡统筹建设配套资金，专项用于当地农村公共基础设施建设和兴办社会公益事业。深圳市 2013 年底出让的一宗集体工业用地中，出让收入的 70%归深圳市土地收益基金，30%归原集体经济组织的继受组织，另将所建物业的 20%划归该继受组织。

第三种类型：政府只参与再流转的增值收益分配。

以上海市政府办公厅 2010 年发布的关于集体建设用地的规定为例，农村集体经济组织通过农村集体建设用地使用权或指标流转取得的收益，主要用于基础设施和公益设施建设、该集体经济组织成员的社会保障和发展生产等；土地使用者以转让、转租等方式依法流转农村集体建设用地使用权发生增值的，应当向政府缴纳一定比例的增值收益。

第四种类型：政府对每一次每一块农村建设用地流转都参与增值收益分配。

苏州市政府在 1996 年出台的办法做了如下规定。(1)集体建设用地第一次流转时，流转方必须向政府缴纳土地流转收益，缴纳标准按苏州市政府确定的最低保护价的 30%收取。集体建设用地出租或按年租制方式流转的，流转方每年向政府按年租金 30%的标准缴纳土地收益。流转方向政府缴纳的土地流转收益，实行市、县级市（郊区）和乡（镇）政府三级分成。苏州市政府定额按每平方米收取 1.5 元，其余按县级市（郊区）30%、乡（镇）政府 70%的比例分成。(2)集体建设用地第一次流转后的再次流转，流转方必须向政府缴纳土地流转增值费。增值额在 20%以内的免交增值费，超值部分按 30%收取增值费。集体建设用地增值费，实行县级市（郊区）和乡（镇）政府两级分成，分成比例依次为 30%、70%。（3）土地管理部门按集体建设用地流转总额的 2%收取业务费。属县级市（郊区）政府审批的业务费全部留于县级市（郊区）土地管理部门；报经苏州市人民政府审批的，市土地管理局收取流转总额的 0.5%的业务费，其余 1.5%由县级市（郊区）土地管理部门收取。

第五种类型：以税收形式参与增值收益分配。

广东省政府 2005 年发布的省长令规定，集体建设用地使用权转让发生增值的，应当参照国有土地增值税征收标准，向市、县人民政府缴纳有关土地增值收益。

在集体土地所有者与土地使用权人之间，土地收益的分配格局如下。（1）初次流转已普遍实行有偿使用。集体土地所有者在一定年限内将集体建设用地使用权以出让、租赁、作价出资（入股）、联营等形式让予土地使用者，由土地使用者向集体土地所有者支付土地有偿使用费。（2）对于再次流转产生的增值收益如何在所有者与使用者之间进行分配，多数地方没有明确的意见。少数地方提出主要归土地使用权人，例如，昆明市 2010 年发布的管理办法规定，集体建设用地转让和转租收益，应当主要归集体建设用地使用权人，出让、出租合同另有约定的依照约定。也有少数地方提出共享，如江苏省盐城市 2010 年发布的办法规定，集体建设用地使用权再次流转形成的土地增值收益，主要归土地所有者和使用权人所有。①

由于分税制的取消，笔者建议政府采用税收形式参与农村建设用地的流转的增值收益分配，甚至在农村建设用地流转初期不征收交易税。鼓励土地流转形成更多新业态的企业后政府的税收会更多。

---

① 本部分根据国务院发展研究中心农村经济研究部部长、研究员、博士生导师叶兴庆所做的发言《中国农村集体经营性建设用地的产权重构问题》节选整理而成。

案例：农村集体经营性建设用地入市，怎么入？

2014年底，新一轮农村土地制度改革大幕开启。中央印发了《关于农村土地征收、集体经营性建设用地入市、宅基地制度改革试点工作的意见》，明确提出要完善农村集体经营性建设用地产权制度，赋予农村集体经营性建设用地出让、租赁、入股权能。作为试点之一，德清县探索集体经营性建设用地入市，建设城乡统一的土地交易市场。

"改革是为了让集体经营性建设用地和国有土地实现同权同价，形成对土地市场的有益补充，催生农业农村发展的新动能。"国土资源部调控和监测司改革协调处处长王爱民说。

2015年8月，莫干山镇集体以协议的方式将土地出让给赵建龙，用途为商服用地，成交价300多万元，这是全国集体经营性建设用地入市的"第一宗"。目前德清县入市宗地102宗，面积达758.45亩，成交额达1.64亿元，农民和集体收益1亿多元。德清县委副书记敖煜新介绍，德清通过探索，"同权同价、流转顺畅、收益共享"的农村集体经营性建设用地入市制度，实现了常态化运行。

各地试点探索不断。四川成都郫都区推动入市扩容增效，通过土地整治，激活存量，发展旅游产业，实现农民增收，集体经济壮大；湖南浏阳市把花炮退出和土地入市结合，促进产业转型升级。

国土资源部副部长张德霖说，33个试点集体经营性建设用地入市地块共计278宗，推进力度不断加大，大部分试点地区完成摸底调查，制定规范入市行为的相关制度，进行了入市实践。既盘活农村空闲和低效用地，又为农村新产业新业态发展提供了新空间。

农村土地制度改革要在统筹中向纵深推进。张德霖介绍，最初33个试点采取分类改革的方式。由于农村"三块地"联系紧密，从2016年9

月开始,三项试点改革统筹推进。比如德清在入市上建立了成熟的规则,同时在征地制度和宅基地制度上也做了有益尝试。下一步要加大统筹推进力度,增强改革整体性和协调性,让"三块地"改革形成共振效应。

让集体和农民成为入市主体,或成立经济合作社,或由村委会代理入市

"农地"入市,谁来入?这是集体经营性建设用地入市面临的关键问题。

王爱民说,入市主体关系着"谁来分配土地收益",农村土地制度改革目的是为了让农民分享土地增值收益,让他们成为土地的主人,激发管理、开发土地的热情。

作为全国钢琴生产基地,德清县洛舍镇的产品占全国的1/8,但因为用地受限,不少企业生产环境差。"有的厂房是村里以前养蚕用的平房。我们都不敢领客户来考察,怕他们看到简陋的条件,怀疑钢琴质量。"东衡村一家钢琴厂老板俞旭明说。

众多钢琴厂亟须开拓新空间。东衡村通过集体经营性建设用地入市,建设产业园区。14家钢琴企业成为受让方,平均每亩价格高达21万元。邱芳荣说,"农地"入市后,土地金贵了,因此要合理设置入市主体,把参与权、知情权和决策权赋予集体和农民。

东衡村村支书章顺龙说,村里成立了土地股份合作社,全村3000人全部是股东。刚开始,每股只有500元,通过入市,合作社获得出让金9000万元,每股增厚了60倍。"集体受益后,除固定分红外,其余部分用于扩大再生产,壮大集体经济。"

"为了增加透明度,村里把入市纳入民主管理,对入市前中后的各项事宜全程公开。"章顺龙说。

邱芳荣介绍,德清县结合浙江省的"三权到人(户),权跟人(户)

走"的农村产权制度改革，对所有经营性资产量化入股，全县106个村（社区）成立股份经济合作组织，实行工商注册登记，独立核算，自负盈亏，具有独立法人资格，33万农民成为股东。这些合作社具备市场主体资格，成为入市主体。"村民小组所有的土地入市，可以通过委托村股份合作社等代理入市。"

在入市主体设置上，各试点探索了多种形式。为了解决土地分散在不同所有者之间的问题，北京大兴区西红门镇以镇为基本单位，统一规划调整，各个村集体土地统筹入市。成立镇集体联营公司，按照公司法人结构运行，发挥市场主体作用。保证了镇域内各村共享土地收益。

作为欠发达地区，吉林省长春市九台区集体经济组织弱小，当地探索村委会代行集体经济组织职能，与土地使用者签订用地合同，激发村民自治能动性。

王爱民说，入市主体的设置要结合地方实际，尊重农民主体地位，实现让利于民。特别要强化土地入市的民主机制，做到信息公开，决策公正，发挥基层民主作用，保证试点工作稳步推进。

不仅土地生金，更要金生金，平衡国家、集体和个人的利益，实现集体资产保值增值

如何平衡国家、集体和个人的利益，既能实现所有者利益，又能体现社会公平正义，是农村集体经营性建设用地入市试点的重要任务。

如何分好、用好土地收益？在作为改革试点之一的山西省泽州县，北义城镇南义城村有一块9亩多的闲置土地，原为村办煤站。一家能源公司因建设加油站需要，与村委达成协议，获得40年的土地使用年限，成交价为132万多元。泽州县国土资源局负责人介绍，在国家层面，作为入市主体，南义城村委按照总成交价的20%，向政府交纳土地增值收益调节金。但因村内资金紧张，由能源公司垫付。

在集体和农民层面，这个村以剩余全部地价款作价入股到该企业参与股息分配，公司以每年8%的固定利率，向村委支付股息8万多元，村集体再进行内部分红。

"通过作价入股的方式，村集体能够得到长期收益，土地权益得到充分保障。企业也从一次性缴纳土地款，变为每年分红，缓解了资金压力，双方实现共赢。"这位负责人说。

不仅要土地生金，更要金生金。还有不少试点采取"分红+自留发展资金"的模式。广东省佛山市南海区在扣除调节金后，把土地款项的60%作为股份分红，40%作为集体自留资金发展生产。贵州湄潭县规定集体经济组织成员分配不得少于净收益的50%。

王爱民说，集体经济组织应该加强资产管理，利用多种途径，实现集体资产的保值增值，壮大集体经济。防止简单化分钱方式，影响农村发展的内生动力。

不同集体内部如何平衡，是试点探索中发现的新问题。王爱民说，有的因为土地规划，产业园区不在集体所辖范围；有的集体建设用地零散，不具备入市条件。

邱芳荣说，德清县探索不同村集体合作入市模式。"东衡村创业园B区就是采用这种方式，相邻村庄通过复垦，其建设用地在东衡村实现入市，所得收益按照一定比例进行分配。"

"我们鼓励偏远欠发达地区的集体经济组织与集中入市区块的集体经济组织合作，资源共享，共同入市，把土地制度改革和脱贫结合起来，带动农民致富。"邱芳荣说。

张德霖说，要把实现国家、集体和个人利益平衡，作为统筹协调推进改革的关键切入点，维护好各方利益，让农民有更多的获得感，进一步增强改革的整体性、系统性。①

三 关于宅基地

农村宅基地与其他建设用地不同。在中国人根深蒂固的意识里宅基地属于"祖业",新中国成立以前的历朝历代土地都是私有的。尤其是农村宅基地传承甚至经历几十代人,宅基地的私人财产属性在农村非常流行。因此,对宅基地的市场化交易更应侧重于使用人的权利和利益。

按照"三权分置"的原则,宅基地的"三权"分为"所有权、资格权、使用权"。其中"使用权"是可以交易的。

农村宅基地使用权可以通过土地中介组织在土地交易市场上竞价销售,类似城市的二手房市场。通过宅基地市场的定价有利于宅基地的转让。2018年中央一号文件指出,"完善农民闲置宅基地和闲置农房政策,探索宅基地所有权、资格权、使用权'三权分置',落实宅基地集体所有权,保障宅基地农户资格权和农民房屋财产权,适度放活宅基地和农民房屋使用权,不得违规违法买卖宅基地,严格实行土地用途管制,严格禁止下乡利用农村宅基地建设别墅大院和私人会馆"。在农业新业态建设方面,2018年中央一号文件也提出"对利用闲置农房发展民宿、养老等项目,研究出台消防、特种行业经营等领域便利市场准入、加强事中事后监管的管理办法。发展乡村共享经济、创意农业、特色文化产业",将宅基地与农业新业态利用市场机制对接,有利于宅基地使用人将使用权流转到最能发挥其资源作用的农业业态。

---

① 《农村土改试点进入攻坚期 集体经营性建设用地入市怎么入?》,界面网,http://www.jiemian.com/article/1387268.html。

第二节　农村土地交易的国家制度与政策

以 2018 年中央一号文件为标准，现有的国家制度和法律需要进行修改。那么对现有土地交易的国家制度存在的问题的梳理就变得尤为必要。

以制度和政策的修改需要为指针，现有制度政策也需要及时调整。2018 年新修订的《宪法》没有修改和调整关于土地的规定。2018 年《宪法》依旧规定"任何组织或者个人不得侵占、买卖或者以其他形式非法转让土地。土地的使用权可以依照法律的规定转让"。《宪法》规定土地的使用权是可以依照法律的规定转让的。转让本身是一个过程，转让的形式可以有多种，通过市场的方式转让使用权是其中很重要的一种方式。2017 年 8 月《国土资源部关于〈中华人民共和国土地管理法（修正案）〉（征求意见稿）》向社会公开征求意见结束。国土资源部针对征求的意见对《土地管理法》进行修改后，提交给了国务院。同时，对《农村土地承包法》的修改也提上了日程。结合中央一号文件与正在修改的《土地管理法》和《农村土地承包法》，对关于农村土地与土地交易的制度和政策进行梳理。

一　关于禁止土地买卖的分析

在《宪法》中明确规定土地是不可以买卖的。这种界定的方式是合理的，与我国的土地公有制是相一致的。由于城市土地是国家所有，农村土地是集体所有，但是都是共有，因此土地产权主体要么是全体国民，要么是全体集体成员。任何组织和个人都无法替代其拥有所有权，因此就不可能有买卖土地所有权的权利。土地不能买卖指所有权的不可买卖，所有权只能改变。土地所有权的改变就是上文提到的土地"变性"。土地"变性"可以用征收的方式来完成。这里面有一个非常重要的问题就是，土地"变性"的方式是征收,但是土地征收是要补偿的,实际上是一种交换关系。土地的所有权由集体转让给国家,国家要用货币的方式来获得原来属于集体的土地。由于依附于所有权的承包权以及经营权一并转移,那么涉及其补偿价值的确定及补偿的分配。"补偿"是替代了一种土地交易的称谓,没有改变土地所有权交换的本质。

二 对不能买卖的土地的价值确定的思考

那么其补偿价值确定标准是什么呢?或者说土地"变性"下的交易价值怎么计算呢?《土地管理法》的修正案有提到,将《土地管理法》第四十七条修改为:"征收土地的,按照被征收土地的原用途,兼顾国家、集体、个人合理分享土地增值收益,给予公平合理补偿,保障被征地农民原有生活水平不降低、长远生计有保障。""征地补偿安置费用包括土地补偿费、安置补助费、农民宅基地及房屋补偿、地上附着物和青苗的补偿费,以及被征地农民的社会保障费用等。"这里面涉及的最主要的内容是"给予公平合理补偿",即便考虑土地原有用途,但是在补偿标准确定的时候,所有的参与方都是对土地未来有预期的,因此土地供需双方要想公平,只能通过市场机制。由于在《土地管理法》的修正案中并没有对土地征收的补偿的公平价值如何形成进行规定,因此,按照现有试点的方式,不管是协商还是拍卖都是以交易形式完成价值发现的。

三 土地能够"买卖"的权利部分的分析

按照 2018 年中央一号文件、《土地管理法》修正案和《农村土地承包法》,至少可以流转的农村土地权利有农民承包用地经营权部分、集体经营建设用地使用权部分,还有就是宅基地中使用权部分。这三类土地具有的交易客体特征的权利是通过近几年来政府部门相继出台的一些法规来界定的。

按照未修订的《土地管理法》和《农村土地承包法》这些土地是不具有交易特征的。因为，这些权利指向的土地财产属性没有被国家认可。现在可以肯定的是未来新修订的《土地管理法》和《农村土地承包法》一定会对这些权利指向的土地财产性质进行认定。农村建设用地能够"买卖"的土地的经营权与宅基地的使用权是"三权分置"政策下的一种新型权利。不管经过多少次市场交易，土地经营权与宅基地的使用权都可以让市场定价。

但是，目前来看，这样的土地权利的定价市场还没有真正建立起来。参与市场的供需主体身份、资格，交易方式也没有确定。土地经营权虽然可以买卖、定价，并以此价值确定其股份、租赁的回报，但是没有公平的交易规则，以及对弱势参与主体的利益保护机制，经营权和宅基地的使用权的转让过程中依然会出现大量矛盾，甚至会出现损害农民利益的行为。

第三节 农村土地交易的环境建设分析

一 建立城乡统一的建设用地市场的可能性与条件

建立城乡统一的建设用地市场这个目标在党的十八届三中全会上就已经提出来。"同地同权"说的就是城乡统一建设用地市场的建设目标。但是，城市土地的国有性质和天然的土地财产性质决定了在城市土地总体规划的范围内进行土地"招拍挂"是完全的市场行为：既有土地供应主体——土地所在地的政府，又有对土地有需求的房地产企业。土地所有者清晰单一，因此城市建设用地市场的运行已经具有市场化运行规则，其收益部分就是当地政府的土地财政的来源。但是作为农村土地，宅基地的土地产权关系复杂，使用权长久，农村经营建设用地一直被国家限制，禁止"同地同权"。一旦城乡建设用地都在政府规划建设范围内，按照即将出台的新的

《土地管理法》和2018年中央一号文件，只要符合城市和农村规划的，都可以以农业新业态的方式建设相应的农业服务产业，也可以建设民居，这已经有了"同地同权"的雏形。

二 土地经营权与宅基地的使用权按照市场价格交易

土地经营权和宅基地的使用权是"三权分置"界定的土地财产权，其产权主体是承包期内的农户和有资格权的集体成员。只要符合国家规定的土地规划，产权所有者就可以自由、平等、公正地交易这些产权，土地的这些产权即便经过多次交易，产权的获得者也具有同等的地位。因此，获得的土地交易收益归这类产权所有者。当然，按照《土地管理法》和2018年中央一号文件精神，对商业企业作为土地经营权或者宅基地的使用权获得者的可以由集体征收一定的管理费。可以肯定的是，这类土地产权的交易是受保护的市场交易行为。但是，现在还没有相应的这类产权的国家交易规则。因此，应该尽快制定这类产权的交易规则，以便尽快让这些产权自由交易，让其他要素更加便利地与土地要素进行结合，提高土地的产出效率。

三 农业新业态和农村第一、第二、第三产业的融合

"实施休闲农业和乡村旅游精品工程，建设一批设施完备、功能多样的休闲观光园区、森林人家、康养基地、乡村民宿、特色小镇。对利用闲置农房发展民宿、养老等项目，研究出台消防、特种行业经营等领域便利市场准入、加强事中事后监管的管理办法。发展乡村共享经济、创意农业、特色文化产业。"这是2018年中央一号文件明确鼓励的，所有这些新业态都需要土地作为支撑，都需要社会资本，都需要社会资本与土地整合成企业的资产主体。社会资本在寻找土地进行股份化的时候，就需要有一个土地价格形成机制，那就是有关土地经营权与宅基地使用权以及农村建设用地的使用权的交

易市场。随着城镇化的快速发展，未来农村人口继续保持减少的趋势。土地经营权的交易动机将更加明显，农村宅基地使用权的出让动机也会增强，建立农村经营权与宅基地使用权的交易市场刻不容缓。

四 城乡规划的一体化需要政府加紧完成

所有的土地经营权与宅基地的使用权的交易都必须是在国家土地规划的范围内完成的。因此，制定合理和超前的土地规划对土地资源流转具有指导性的作用。应该建立土地使用的"负面清单"，只要是"负面清单"以外的，国家应该放手让土地流转与交易，政府的责任只是做好对土地的规划和监管。放开农村土地经营权和宅基地使用权的前提条件是规划的严谨和超前。只要是符合土地规划的，政府应该减少对土地价格形成过程的干预，只需要制定好交易的规则、流程和诚信机制，做好对土地用途的监管就足够了，城乡土地能够合理配置是市场的角色和功能。

第六章

产业融合下的农村土地与其他要素的融合方式

目前，我国农业要素流动性最差的就是土地。其次是资本，尤其是社会资本进入农业领域相对较少。农业劳动力呈现的是单向流动状态，从农村流向城市，当然，这符合城镇化的战略和发展规律。但是，客观上农村集体成员权的封闭性也限制了其他产业的高素质劳动力进入农业，因此造成农业劳动力出现单向淘汰的现象，留在农村的是素质最差的劳动力。这些老弱病残类的劳动力不可能建设现代农业。因此，一方面增加农业公共投入并进行经营模式的创新，另一方面还要加快去除所有限制要素流动的壁垒。只有这样，才能够为其他产业的资源流入农业建立通畅的渠道。

第一节　产业融合下的农村要素

农业的核心要素是土地和劳动力。但是，由于我国城镇化的加速，农村劳动力的素质在下降。土地的稀缺性以及农业技术、农业基础设施建设、相关产业的融合对土地增值空间的影响是复杂而不言而喻的。

一　产业融合下的农村土地要素

1. 真实的土地经营权地租与土地价格

马克思的地租理论可以阐释土地价格形成的基础，土地地理位置及肥沃程度形成了级差地租Ⅰ，连续对土地的投入形成级差地租Ⅱ。地租就是土地使用权的价格。而当农民把土地承包资格权也就是承包权留下，将土地经营权转出的时候实际上就是将土地使用权转出。只不过，在"三权分置"的解释里，土地的承包权已经约定俗成是使用权。由于土地承包权是不能流转的，为了能让土地使用权流转，提高农村土地的流动性，政府将土地可以流转出去的使用权改称为经营权，不能流转的部分叫作承包权。

承包权按照承包合同在承包期内是不变的。虽然承包合同是由承包土地的家庭与农村集体组织签订的，但是农村集体组织受政府指导，承包权的延长时限现在是由政府确定的。党的十九大明确提出再延长土地第二轮承包权30年。这说明农村集体组织的土地所有权主体行使土地所有权的期限不能完全按照双方的承包合同，还要受到国家政策的约束，可见土地的集体所有权的权限是受限的。

因此，从某种意义上讲，政府具有一定意义上的农村土地所有权。另外，政府可以制定土地规划，土地规划是对土地功能的一种设定，是对土地所有权的一种政府分权。这种规划是任何国家都需要制定的。因此，即使是在西方国家，土地是没有绝对的所有权的，其权属的界定一定会受到政府规划和政府政策的限制，只不过，不同国家对土地权属的限制程度不同而已。

至于宅基地，在"三权分置"的政策中，已经将家庭拥有的流动性相对较差的资格权和流动性较强的宅基地使用权进行了分列。宅基地的使用权具有完全流动性，宅基地使用权主体可以是任何人，宅基地的使用权可以转让给任何法律认可的自然人或主体。农村中归农村集体所有的经营建设用地所有权归集体，使用权未定，可以根据签订的合同确定经营权主体，其经营权都是可以流转的。

因此，可以流转的这部分土地"产权"具有形成价格的基础。这些可流动的土地"产权"通过市场交易就可以形成交易价格，这就是马克思关于土地地租的理论在我国农村土地上的体现。

2. 留守农村的劳动力要素

农村土地是最重要的要素,除此之外就是农村的劳动力和资本。相对于农村土地要素,这两个要素呈现价值弱化趋势。随着我国经济进入平稳增长时期,农村劳动力外移是我国城镇化加速的体现。图6-1表明,我国经济在进入2012年以后,增长趋势趋于平缓。三大产业的结构比重变化非常明显,服务业和工业产值比重超过了90%,服务业产值在持续增加,工业产值有微小下降。这表明农业劳动力一直呈现转出状态,大部分农业劳动力的文化水平处于高中以下水平(见表6-1),而且转移出去的基本都是拥有初中及以上文化学历的,留在农村的是学历相对比较低、年龄比较大的。农业劳动力学历和年龄有城乡两极化趋势。这样的农业劳动力掌握农业新技术,操作现代农业机械,适应农业现代管理手段都力不从心。而这部分劳动力又是很难转出的部分。因此留守农村的劳动力面临进入现代农业业态的巨大障碍。

城乡融合下的农业新业态需要考虑对高素质农业劳动力的吸引,国家也应该考虑通过政策与激励机制完成高素质劳动力的农村回流,同时应该建立城乡融合下的农业企业劳动力的培训机制、奖励方式、素质提升培训体系。

表6-1 农民工文化程度构成

单位:%

文化程度	农民工合计		外出农民工		本地农民工	
	2016年	2017年	2016年	2017年	2016年	2017年
未上过学	1.0	1.0	0.7	0.7	1.3	1.3
小学	13.2	13.0	10.0	9.7	16.2	16.0
初中	59.4	58.6	60.2	58.8	58.6	58.5
高中	17.0	17.1	17.2	17.3	16.8	16.8
大专及以上	9.4	10.3	11.9	13.5	7.1	7.4

资料来源:国家统计局。

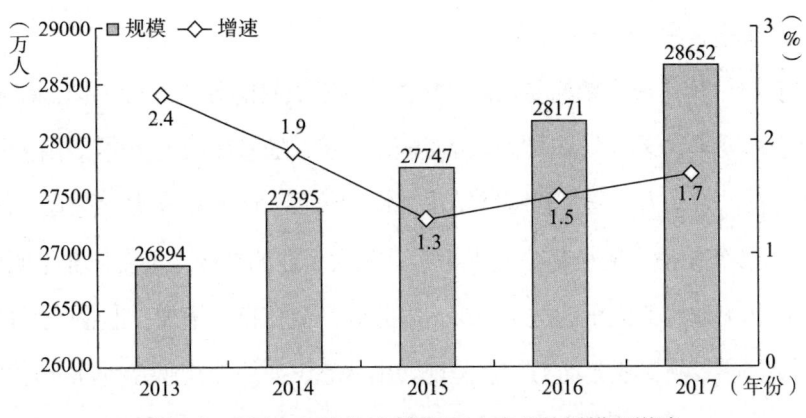

图 6-1 2013—2017 年我国三大产业的规模和增速

资料来源：国家统计局。

3. 农业吸引资本的能力

按照萨缪尔森的资本深度理论，当一个产业出现了资本增密现象，即"资本－劳动比的上升"，这个产业就可能出现转型，而且农业劳动要素价格呈现上升趋势，资本就呈现相对价格下降，这个时候该产业会较多地使用资本，同时会减少劳动的使用数量，缩小劳动的使用规模，从而带来资本密集度的提高。这个现象叫作资本深化现象。近年来，随着劳动力价格的上升，在农业领域出现了"资本－劳动比的上升"的趋势。

客观上讲，由于中国是一个传统的农业大国，中国农业人口的比例一直比较高，到 2017 年底中国的城镇化率才达到 58%。我国的农业存在非常明显的劳动过密化倾向。以 2013 年为例，当年中国的农业产值占 GDP 的比重接近 10%，但该产业容纳的劳动力数量达到了三个产业总和的 1/3。农业劳动力的过度集中说明农业劳动生产率比较低，存在大量的隐性失业状态。同时，我们可以看到农业剩余劳动力以农民工的形式进入其他产业，这对于农业来说就是一种农业剩余劳动力的释放。农业劳动力的产业性外移，农业产业内的劳动力不断减少，从图 6-2 就可以看出。如果以农业劳动力数量为横坐标轴，以农业资本存量为纵坐标轴建立坐标系，用各点与坐标原点的连线的斜率（即劳动力人均资本额），即资本深度指标来衡量，中国的农业在向资本密集型发展。

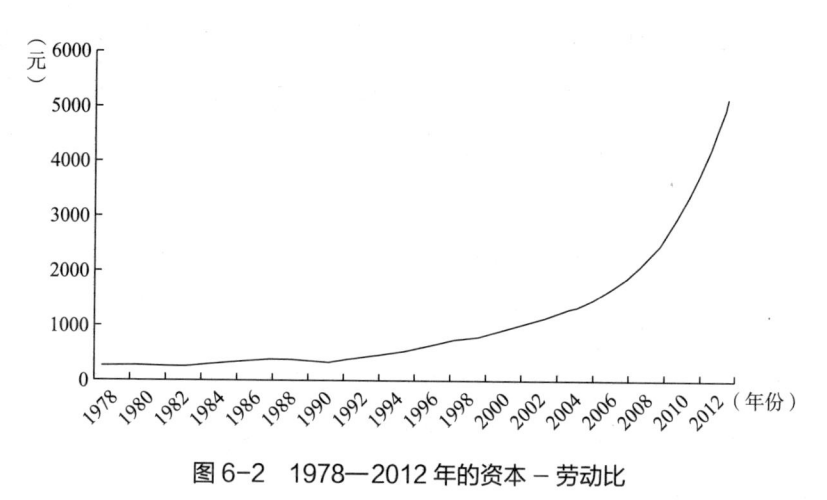

图 6-2　1978—2012 年的资本－劳动比

资料来源：国家统计局。

可见，农业本身具有了吸引资本的能力。但是，资本进入农业领域肯定要跟其他要素进行结合，这就需要其他要素具有流动性。包括土地要素、适合的农业技术要素、农业劳动力要素，在这些要素中，除了农业技术要素进入农业领域没有障碍外，其他要素的流动都存在障碍。即便是农业技术要素不存在障碍，由于其他要素无法建立技术的落地平台，技术的应用效率下降。这也是我国农业劳动生产率比较低的一个制度性障碍因素。

二　产业融合下的农村土地要素增值的影响因素分析

土地增值意味着土地产权交易价格的上升。在土地无法流动或者流动性差的状态下，土地要素的增值机会就被压缩，土地增值的影响因素就无法发挥作用。按照土地价值的一般性影响因素和特殊性影响因素进行如下分析。

1. 土地增值影响因素

一般性土地增值影响因素包括：土地方位、土地交通便利性、土地肥沃程度。快速交通网络提升了农村土地价值。传统对土地增值因素的分析更多地关注农村土地转换为城市用地的增值利益及其分配的问题。农村土地被征收之后的增值并不涉及我们关注的问题，即农村土地具有财产性质及流动性后的增值分析。农地在不改变土地性质下的增值影响因素可以从以下方面确定。

第一，受业态的影响而产生增值。比如，本来山区的农地地形不适宜机械化耕种，但是山区旅游业态的发展使山区农地除了具有一般农作物的生产价值以外，还具有旅游观赏价值，可以利用其具有的山区自然生态的观赏性与旅游业分配增值收益。第二，土地的可连片性决定了其集约化的程度、机械化的应用程度，决定了其产出效率的提升潜力，因此会影响其增值。第三，土地对新品种的适应程度。随着育种技术的提升，新品种对土地具有选择性，适宜新品种的土地具有更好的收益增值的可能性。第四，土地的设施便利性。随着国家对土地交通、灌溉、绿化等公共设施的投入，大量的农地具有良好的灌溉基础、旅游条件，这些会提升土地增值收益。第五，土地增值的一些特殊因素。比如发现了历史文物或者某些稀有化石等。第六，政策性因素的影响。比如，国家对土地经营权市场化流转的界定，国家对社会资本进入农业领域的鼓励措施。第七，农业产业链的上下游企业创新形成的对农产品和服务的需求。比如，农超对接，大型农业加工企业的合同性收购。第八，国家规划的农业试验园区和科技园区。

2. 影响宅基地与农村经营建设用地增值的因素

宅基地和农村经营建设用地增值幅度受到农业吸引资本能力的影响，也受到环境的影响，更受到政策的影响。首先，城镇化战略影响农业剩余劳动力的就业方向，导致宅基地及农村经营建设用地的需求萎缩。我国近年来出现乡村空心化就是这个原因。国家制定的村镇合并的政策就是针对农村劳动力人口转移而出现农村无人居住的现象，这自然会导致宅基地价值下降。其次，宅基地及农村经营建设用地的流动性政策。在十九大及2018年中央一号文件出台前，宅基地和农村经营建设用地的财产性质不明确，这类土地的流动性差导致这些土地没有市场定价机制，因此影响到其价值体现。再次，国家对农业的政策性指导。2018年中央一号文件明确提出城乡融合和产业融合的乡村振兴战略，制定了鼓励社会资本进入农业产业，鼓励第一、第二、第三产业在农村融合的政策，这必然会影响到对这些土地要素的需求，在土地交易市场建立、规则完善以后，随着新业态的创建，这类土地增值潜力会越来越大。最后，乡村振兴战略对城市需求的转移作用会提升这类土地的价值。乡村旅游、生态农村建设、民居文化的倡导等都会影响农村宅基地及农村经营建设用地的价值。

第二节 资本与农村要素的融合方式

1. 单向支持性融合

国家对农业直接的金融支持，国家鼓励金融企业与农业企业、家庭户直接对接，就属于单向的资本融合。这种融合的方式比较简单，涉及资本借贷、农业资金的融通。对于国家来说，对农业的支持主要是农业财政和农业金融便利化。其中在2018年中央一号文件中明确提出"公共财政更大力度向'三农'倾斜，确保财政投入与乡村振兴目标任务相适应"，但在2018年中央一号文件出台前，农业资金的投入保障不足。另外，城市征地的收益形成的土地财政大部分用于城市建设，导致农村土地收益城市使用的现象。在2018年中央一号文件中也明确提出了"调整完善土地出让收入使用范围，进一步提高农业农村投入比例"。

除此以外，由于农村土地的经营权（宅基地的使用权）具有财产属性，农村土地就可以进行财产性抵押。国家的金融机构应加强对农村土地抵押风险的评估和防范，在土地财产属性明确下来以后应该尽快建立更加科学的土地抵押风险机制。这样才能让这种单向的金融支持真正与土地进行结合，对鼓励以土地为基础的小型农业新业态具有支撑作用。

2. 双向融合

城镇化导致的农业劳动力的外移速度会越来越快，农业劳动力外移必然伴随着农业资本的外移，农业劳动力需要在城市立足，其收入要在城市购买固定资产。土地是农业劳动力唯一带不走的要素。因此，虽然农业劳动力出现了外移，但是土地流动的机会增加了，当土地能够给流出的劳动力带来更多收益的时候，土地流动的机会进一步上升。这时候，土地经营权交易市场形成土地价格，为其他社会资本进入农村提供双向融合的机会。2014年农业部曾经提出围绕"美丽乡村"创建目标，倡导十大模式，即产业发展型、生态保护型、城郊集约型、社会综治型、文化传承型、渔业开发型、草原牧场型、环境整治型、休闲旅游型、高效农业型。这些新的业态形式需要农业土地，这些新业态是农业土地的增值机会，也是外部资本的增殖机会，因此对于城乡各有的这两个要素，只有进行双向融合才能够将增值收益的空间把控住。

3. 立体融合

我国的农业大部分还处于小农经济状态，小农经济是自给自足的农业产业内经济。当然，说现在的农业跟其他产业没有关联也不现实，只是说农业的小农经济本质没有变化，因为我们在改革开放后一直是家庭承包生产模式。随着农村土地的流动性增强，土地财产属性的归位，农业现代化是农业发展的一个可选项。之所以说是可选项，是因为发达国家也经历过小家庭农业通过兼并直接进入金融资本化产业的时代。比如，美国、加拿大就是如此。土地集约化之前国家并没有建设大量农业设施对农业生产效率进行提升，而是土地产权人通过大量融资，形成大型农场经营体。我们国家现在已经有了很多设施农业，比如，世界上70%的农业大棚在我们国家。但是我们的大棚农业设施基本是人工管理的大棚，缺乏现代温控设施，这是简单的设施农业，并没有大量资本进入。我们的设施农业的数量比较多，但是科技和智能水平要差很多。温铁军曾经说我们的农业设施化不够，我们认为是有高技术、高资本投入的农业设施不够，技术含量低、资本投入少的农业设施占比过大。

我们的设施农业是家庭型的小规模设施农业，因此，农民资本投入能力低，在农业劳动力绝对数量比较大的情况下，我们生产了全世界70%左右的淡水产品、67%的蔬菜、51%的生猪、40%的大宗果品，更不要说中国农业的产量世界第一，我们现在的粮食产量占世界的21%，人口占世界的19%，靠农民数量取胜的设施农业并不是资本密集型的高科技农业。因此，随着现代农业生物技术和物联网技术以及人工智能和大数据的应用，资本与技术结合促使以土地要素为中心的新型设施农业吸引其他产业资本与农村要素形成新型融合体。这需要第一、第二、第三产业融合成的现代综合产业链增值收益机制的创新，并且让农业作为主要价值链环节参与收益分配。土地产权持有者绝不只是劳动力的报酬的增加，更多的是获得土地入股形成的资产报酬。只有这样，才能给土地以资本性的收益机会。同时，高水平的设施农业还会减少对资源和环境的破坏，符合2018年中央一号文件提出的绿色农业的战略。

农业的实体性生产的增加值主要靠的是有形的产品。随着现代农业形式的出现，农业的多功能性、多业态性给土地与其他资本的结合带来创新机会。农业服务型产品开始出现。农业与金融、保险、物流等进行立体融合，发展新业态，如旅游农业、养生农业、景观农业等，其立体融合的收益来源于无形资产，如品牌和文化等。所以土地与多种产业的融合是立体型的。与多种产业的融合方式就是土地与各类资本的融合方式。

随着信息技术和互联网以及物联网、AI 技术的发展，互联网金融出现了，农产品直购直销出现了，农产品的电子商务出现了。"互联网+"时代的农业融资也会发生改变，甚至农业的共享经济业态会随着互联网进入农业领域带动更多社会资本与土地进行多种类型的组合，形成立体融合模式。

2018 年中央一号文件提出"大力开发农业多种功能，延长产业链、提升价值链、完善利益链，通过保底分红、股份合作、利润返还等多种形式，让农民合理分享全产业链增值收益。实施农产品加工业提升行动，鼓励企业兼并重组，淘汰落后产能，支持主产区农产品就地加工转化增值。重点解决农产品销售中的突出问题，加强农产品产后分级、包装、营销，建设现代化农产品冷链仓储物流体系，打造农产品销售公共服务平台，支持供销、邮政及各类企业把服务网点延伸到乡村，健全农产品产销稳定衔接机制，大力建设具有广泛性的促进农村电子商务发展的基础设施，鼓励支持各类市场主体创新发展基于互联网的新型农业产业模式，深入实施电子商务进农村综合示范，加快推进农村流通现代化。实施休闲农业和乡村旅游精品工程，建设一批设施完备、功能多样的休闲观光园区、森林人家、康养基地、乡村民宿、特色小镇。对利用闲置农房发展民宿、养老等项目，研究出台消防、特种行业经营等领域便利市场准入、加强事中事后监管的管理办法。发展乡村共享经济、创意农业、特色文化产业"。 农业这样的发展路径本身就是一种立体的发展路径，是金融资本支持下的立体农业的发展路径，是以土地为基础的多业态融合。

第三节 农村产业融合的发展路径

一 中国农业的传统发展路径

任何农业业态的形成绝不是一蹴而就的。从历史上看，中国农村人口的比例一直比较高，人多地少的现象一直存在。中国农业的发展基本上依赖"增人、增肥、增药"的"三增"方式来提高农村土地单位产出能力。随着中国城镇化战略的持续推进，工业和第三产业的发展速度远远高于农业，提供的就业机会越来越多，农村劳动力出现了向非农产业的持续增长的转移。同时，由于农业机械化率提高，农业技术的应用，从事农业的劳动力人数持续减少。完全从事农业生产的劳动力呈现绝对减少的态势，这导致纯农业劳动力供给下降，进而出现了农业生产的用工成本上升，农业用工价格提高。家庭用工价与雇工工价均出现明显增长，且雇工工价近10年的增速很快，从1999年的14.05元/日增长到2009年的53.09元/日，增长了近3倍。家庭用工价折算也从1999年的9.5元/日增长到2009年的24.8元/日，增长了1倍多。[①] 农户在投入的时候尽量减少农业用工工时，通过大量使用除草剂、农药等环境破坏型农业药肥减少人工投入。同时，农户雇用专业公司耕种收获的比例越来越高。这说明，传统农业提升产出的能力已经接近天花板，农业现有的水肥药的生产方式已经出现负外部性。

二 农业产业融合的路径选择

1. 农村产业融合的方式分析

我国农村发展要走产业融合发展的路径是2015年中央一号文件正式提

[①] 《刘守英：中国的农业转型与政策选择》，爱思想，http://www.aisixiang.com/data/71538-2.html。

出的。当然,在这之前学者们针对我国农业产业融合发展战略进行了深入研究。

关于产业融合的定义,我们可以借鉴马晓河的定义,即农村第一、第二、第三产业融合发展是指以农业为基本依托,通过产业联动、产业集聚、技术渗透、体制创新等方式,将资本、技术以及资源要素进行跨界集约化配置,使农业生产、农产品加工和销售、餐饮、休闲以及其他服务业有机地整合在一起,使得农村第一、第二、第三产业之间紧密相连,协同发展,最终实现农业产业链延伸、产业范围扩展和农民收入增加。①

要分析产业融合就必须回答产业融合是什么,也就是融合的内容,这也是对产业融合内含的定义形成一个普遍的认识。针对产业融合的不同阶段和不同形式学术界有一个基本分类。第一种产业融合是从技术或产品的角度来看的,是指某类产业的技术进入另外一类产业形成技术的延伸。这涉及技术跟产品的融合。因此,某产业的新技术在产品及服务上的创新影响到了一个产业模式,比如互联网技术应用到农业的病虫害监控与防治方面,可以应用大数据分析技术为农业病虫害防治制定精准方案。第二种是产业间融合,包括替代性融合和互补性融合。替代性融合是生产相类似的产品与服务的企业进行的融合,也叫作横向融合,比如立体交通服务,高速铁路、航空、高速公路、城市快速路组建一体化的人和物的位移联合体。互补性融合是供应链或者价值链延伸的表现,比如"农超对接","公司+用户""企业+合作社"等形式的融合也属于互补性融合。第三种是非相关融合,虽然叫非相关融合,但是融合以后就相关了。旅游企业将旅游服务延伸到农业的观光、民宿、乡村休闲,就是将旅游业与农业进行结合的一种方式,本来旅游业与农业是非相关的,但是产业融合以后就形成了一种共赢方式。不管哪种融合,

---

① 马晓河:《推进农村一二三产业深度融合发展》,《中国合作经济》2015年第2期,第43—44页。

最终目的是一致的,形成的融合体能够形成更好的产出效果和更大的效率提升。

2.农业产业融合的前提条件

产业间从零融合到融合需要一定的条件,这些条件成熟以后才可能使产业融合具有驱动力。这些融合的条件既包括技术和产品条件,也包括理念和政策条件。

首先,产业间融合需要去除融合壁垒和融合管制。有些壁垒可能是由于技术成本或者政策条件不具备。比如大型农业机械化受到农业生产者的土地规模限制,受到成本收益、资本存量的限制,也受到农业机械销售价格、技术的普及率的影响。还受到农业生产方式的影响,比如土地连片生产方式容易形成农业机械专业租赁公司的融合与合作,细碎化土地就不容易使用大型机械,大型机械租赁公司就很难进入农业生产领域。同时,土地财产性的国家界定对土地流转又具有关键性的影响,市场机制的建立又影响到了土地流转定价的权利。

其次,产业间融合需要技术创新和技术扩散机制,[①]通过技术创新形成的技术服务和技术性产品需要有其应用的领域。比如,生物技术创新对农业育种的推进,互联网技术及大数据技术对农业病虫害的分析与预测,对农产品消费行为的分析与预测对服务需求有创造作用。依赖这类技术可以满足农业对病虫害专业防治机构及产品的需求。电商平台与农产品的直接对接减少了中间环节,降低了中间成本,同时也创造了农产品物流需求,形成多产业的融合对接。随着社会资本的进入,资本、技术及土地等要素融合有可能促进各产业融合,形成各种形式的农业投资、经营集团。这需要政府给予社会资本进入农业的政策支持,比如资本进入农业领域的鼓励政策,新业态农业

[①] 单元媛、赵玉林:《国外产业融合若干理论问题研究进展》,《经济评论》2012年第5期,第152—160页。

企业的税收减免政策，新建的农业园区的倾斜政策。市场机制与政府机制相结合形成产业间融合的技术创新机制和技术扩散机制对推动产业间融合具有重要作用。

3. 产业创新制度和创新政策

创新的制度和创新的政策界定了创新的模式和方式。政府支持、鼓励的创新模式和方式具有高效的执行效率，也最容易降低障碍和成本。制度上有保障的产业融合模式的经营风险才是可控的。在我国，农业与其他产业融合在政策和制度层面从来没有被限制过，但是鼓励农业与其他产业融合的制度和政策是缺失的，农业与其他产业融合的进度非常缓慢。尤其是，在农村土地可流转权利、土地财产性质、增值收益的分配等方面的制度和政策都不完善，导致产业融合缺乏基本的驱动力。

4. 制度制定与政策的实施

目前我国的《土地管理法》和《农村土地承包法》都在紧锣密鼓地修订或审议中。制度的落后性对产业融合创新明显有掣肘作用，甚至新的政策无法在现有的制度框架下运行。比如，早在2015年12月30日国务院办公厅就发布了《关于推进农村一二三产业融合发展的指导意见》，在2016年11月14日农业部又印发了《全国农产品加工业与农村一二三产业融合发展规划（2016—2020年）》。但其后农业产业融合并没有出现加速现象，甚至产业融合发展的模式没有更多创新。早在2015年中央一号文件第12条就提出，推进农村产业融合发展要延长农业产业链，提高农业附加值，增加农民收入，要大力发展特色种养业、农产品加工业与农村服务业，挖掘乡村生态休闲、旅游观光与文化教育价值，研究制定促进乡村旅游休闲发展的用地、财政与金融等扶持政策，落实税收优惠政策。第21条提出，要推进农业产业化示范基地建设和龙头企业转型升级。这一年的中央一号文件同时强调了农业产业化与农村产业融合发展。2016年中央一号文件进一步阐述了推进农村产业融合发展的目标任务和举措，强调农村产业融合发展。这些政策在两年前就已经制定出来，为什么农业产业融合的速度依然很慢呢？主要就在于《土地管理法》和《农村土地承包法》中关于农村土地不具有财产性质的界定方面没有制度性突破。正在修改的《土地管理法》和《农村土地承包法》就要完成这个突破。即将出台的新的《土地管理法》和《农村土地承包法》肯定会体现"三权分置"的内容。农村土地经营权及宅基地的使用权市场化流转的具体安排也会相应出台，这对实现党提出的农业与其他产业融合目标必然有推进作用。

5.农业产业融合的路径选择分析

在对农业产业内可与其他产业融合的资源进行梳理后会发现，农村土地是最重要的有形资源。农村第一、第二、第三产业的融合也应该基于土地的资源优势来确定路径。2018年中央一号文件第三条第三款提出了构建农村第一、第二、第三产业融合发展体系。

首先，土地与企业融合的路径。在功能上开创了多种产业融合的机会。在产业链的延长路径上可以发展"农业生产者＋企业终端"的模式，比如农超对接、"农户＋企业"，都属于产业链的延伸。也可以提升价值链内各环节的价值含量，比如将有市场影响力的企业和品牌与农村的设施农业进行对接，将企业品牌的价值涵盖到设施农业的农产品上。如，可以考虑将知名果汁饮料品牌与果品生产基地进行品牌整合，提升生产的农产品的品牌价值；电商平台与设施农业的农产品结合的直选直购等方式；将企业的品牌价值覆盖到农产品生产地，甚至可以通过土地流转建立品牌企业的集约化生产基地。这个过程需要首先建立土地的交易体系，土地价值市场体系的形成，便于资本的自由选择，否则就会出现企业愿意建立基地，但是农民因为担心土地流转价格低、流转收益无保障而缺乏土地流转动机。利益分配机制是在市场机制的基础上自发形成的。如果政府能够在这方面给予便利性的政策支持和制度保障，保证农民在土地流转后能够按照约定获得土地收益，有就业机会，就很容易形成股份合作的产业融合的路径。

6. 资本创造新业态的路径

对于具有一定旅游资源基础、有独特的山水景观、交通便利、原生态明显的地区，可以考虑引进社会资本对现有资源进行升级优化，探索"休闲农业和乡村旅游精品工程，建设一批设施完备、功能多样的休闲观光园区、森林人家、康养基地、乡村民宿、特色小镇"。在土地使用权可以进行市场化交易以后吸引资本进入、实现产业融合具有现实可行性。

7. 土地的集约化、企业化经营方式

对于农村劳动力外移比重比较大、农村土地整理难度小、土地流转连片可行性强、具有成为农业园区特质的土地，可以借鉴集约农业，或者大型农场农业的形式，鼓励社会资本进入，同时国家应该对这种农业园区的公共基础和灌溉基础的建设提供财政支持。

8. 宅基地使用权流转型的产业融合

农村劳动力外移后，大量的乡村民居处于闲置状态，可以跟拥有宅基地资格的农户协商，转让宅基地的使用权，建立乡村小镇或者特色小镇，根据其所在的地点的交通、旅游资源、特色产品、文化遗产等进行整合包装宣传，探索形成农业产业资源整合的模式。宅基地的流转需要有市场化的机制，这样的机制建立以后，更容易形成合理的利益分配格局。政府需要提供相应的公共设施投资的支持，在这个过程中还需要考虑农村集体组织参与监管或者管理的职责，同时考虑农村集体组织对于农村公益设施的投资需要，收取一定的管理费也是可行的。

9. 养老与休闲产业的融合路径

随着中国老龄化程度的进一步加剧，银色消费对环境的要求越来越高，除此之外就是对相关设施的需要，比如医疗、保健、养生等。需要对这个领

域的资本进行引导，建设适合银色消费的养老院及配套设施。国家对于养老产业也应该及时跟进推出鼓励政策，尤其是针对投资周期长的创新性养老模式的鼓励政策。对已经开始试点运行的农村社区养老或者城乡养老模式要进行评估和认定，符合社会需要的城乡融合的养老模式要进行鼓励和支持。

10.特色文化产业的融合路径

北京驰名的画家村宋村曾经因为宅基地买卖的非法性引出了很多画家与当地村民的矛盾，甚至出现诉讼。新的《土地管理法》和《农村土地承包法》出台以后，随着"三权分置"政策的实施，土地交易市场的建立，宅基地使用权可以合法交易，这将对特色产业投资具有很强的吸引力。画家村、音乐家村、影视基地等特色融合产业就具有了吸引力，只要周围的环境满足这些产业所需要的环境和交通便利。因此，可以针对农村土地环境进行评估，确定产业对接的可能性，做好市场调研，在符合土地规划的条件下，可以走出一条与文化创意产业融合的路径。

第七章 产业融合与城乡融合下的农业新业态研究

第一节 农业新业态的概念及特征

一 业态与农业新业态

"业态"一词存在的时间并不很长。最早体现"业态"含义并描述产业运营特征的是欧洲的商业领域。19世纪初欧洲开始出现各种商业模式,比如,百货店、超市、便利店和折扣商店等形态的商业模式,因此在英文中出现了"types of operation"以描述零售业经营形态和特征。这是"业态"一词的初始表达含义,指的是企业经营的状态和模式。到了20世纪60年代,日本开始用"业态"一词专门描述零售企业的经营形态,"业态"作为专业名词开始出现。与此同时,关于"业态"的研究成果也逐渐出现和发展。对"业态"的定义也更加严谨,出现了狭义和广义的"业态"概念。以零售业为例,狭义的业态是指从直接接触消费者的店铺或销售的角度来定义的零售业态,主要是指为消费者提供各种零售服务的店铺或销售层面上的营销要素组合形式,具体是指商品、价格、店铺、销售等营销要素的组合形式。广义的业态既包括消费者所能接触到的狭义业态,也包括消费者无法直接观察得到的,支撑狭义业态运营的运营组织、所有制形式、经营形态及企业形态等。[①] 我们经常看到国外文献对业态的描述为 type of store、store format 和

---

① 胡昕宇:《亚洲特大城市轴核结构中心区空间与业态定量研究》,博士学位论文,东南大学,2016,第5—6页。

store concept;对广义的"业态"的描述基本采用 types of operation。20 世纪 80 年代"业态"一词开始引入我国,也是首先在商业领域进行了应用。2000 年国家在商业零售领域制定了一套零售业态国家分类标准,至此业态的行业标准开始出现。2004 年对零售业态的国家分类标准进行了修订。

中国知网上的核心期刊和 CSSCI 期刊中以"业态"作为关键词的论文数量从 1997 年的 2 篇,增长到最高值 2016 年的 58 篇(见表 7-1)。

表 7-1 核心期刊与 CSSCI 期刊中以"业态"为关键词发表论文的篇数

单位:篇

年份	1995	1996	1997	1998	1999	2000	2001	2002	2003	2004
篇数	2	3	2	10	11	23	18	32	26	31
年份	2005	2006	2007	2008	2009	2010	2011	2012	2013	2014
篇数	30	34	39	43	31	30	28	23	30	32
年份	2015	2016	2017	2018						
篇数	44	58	27	5						

资料来源:中国知网。

在中国知网上,以"农业"和"业态"为主题精确检索核心期刊和 CSSCI 期刊共有文章 102 篇,其中,发表在 2017 年和 2018 年(本书截稿为 2018 年 9 月)的分别为 33 篇和 30 篇,可以肯定地说,这两个年度发表的以"农业新业态"为主题的文章占全部检索文章的 50% 以上。可见,农业新业态是一个新概念,关于农业新业态的研究从 1991 年开始到 2015 年,每年发表在核心期刊上的论文没有超过 10 篇。可见,我国对农业新业态的研究起步虽早,但是形成较为集中的研究成果是在 2016 年至 2018 年。

业态从字面上理解是产业的形态。产业在任何情况下都有存在的形态,只是这个形态会随着国家发展战略及政策调整而调整,会随着经济社会的发展而改变。这种改变在不同的产业表现非常不一样,由于业态最早应用于商业企业,并被日本的学者所研究和传播,因此,给笔者的感觉好像是业态只限于商业企业。这种理解是非常偏颇的。

业态不仅可以应用于商业企业,而且可以应用在所有的产业上。商业业态、工业业态、农业业态的提法都是正确的。只不过,业态更多地体现出移动动态的特征。往往是在产业变动的时期,我们才更多地去分析业态和观察业态变化的趋势和特征。

中国农业就处在业态调整的巨变时期。因此我们看到在中央政策性文件中提出了"农业新业态"。这说明农业的业态表现出了一种改变和创新。"农业新业态"的出现和提出是由于形成农业新业态的条件和基础具备了。在农业外资本进入壁垒下降,农业经营的风险可预测,农村土地流动性增强,农村土地的财产性性质被确认,农业产业经营创新被鼓励和认可的情况下,农业新业态的出现和形成就成为一种自然和必然的趋势。

农业新业态在当前背景下形成的前提是农村土地经营权和土地使用权具有财产性质,具有可以与其他资本进行结合的资格。而土地财产权是近两年才开始提出并在政策上有所体现的,所以研究结果与国家对土地政策的调整有很大的关系。因此,这必然涉及农村"三权分置"政策的提出和实施。

随着土地确权进入收尾阶段,"三权分置"下的土地权利得以确认和保护。土地和其他要素的财产性和流动性被真实地给予保证以后,形成农业新业态的各项条件都已经具备,农业新业态不再是一个名词。

"三权分置"对农村土地所有权、承包权、经营权三种权利界限与权能做出设定:所有权主体对土地性质的保证方式,承包权主体资格的体现方式与权利转移模式,经营权主体的权属转让依据与收益安排。农村土地产权价值是土地经营权(或者宅基地的使用权)的体现。在具有了市场定价的情况下,农民将有机会通过这些权利的交易获得土地增值收益,包括入股分红,或者租赁收费，或者利润分成等。因为是农民通过市场转让的土地，在具有同地同权的平等交易地位的情况下，土地增值空间增大，农民流转土地的动机增强。

一旦有外部资本对农民的土地收益预期超过了土地交易的价值，或者资本与土地融合形成收益超过社会平均利润，新业态就可能出现。同时，新业态对农村土地的经营模式提出了创新要求，外部资本进入农业生产领域将创造出更多农业新业态，每种新业态都需要对土地产权与其他资本产权进行融合，融合的过程市场化是趋势，但是市场化模式设计、各种土地产权的市场价值的体现是在土地的综合价值的基础上通过市场来实现的。因此，首先确定土地的综合价值，之后在设计好的土地市场上进行报价，再由市场决定其最终价格。

农村土地的价值由自然、经济和社会三个方面的若干因素共同决定，因而它具有经济功能、社会功能和生态功能。价值来源于功能，相应地，土地具有经济价值、社会价值和生态价值。

土地的经济价值指土地在利用过程中，农产品收入扣除生产农产品过程中所投入的各种其他生产要素成本后的净收益。土地的经济价值可以用货币来衡量，也可以在市场上实现其交换价值。不同时期，土地利用方式和水平并不相同，因此土地的净收益往往处于动态变化过程中，因而土地的经济价值是动态的。考虑土地等级、区位优势、农产品供求关系与风险等因素，构建土地经济价值的系统模型，利用调查数据估计和验证模型的优劣，从而选取合理的目标区域土地经济价值系统模型，以此为基础揭示目标区域土地经济价值影响因素的相互作用状况及大小，最后利用土地投入要素如资本、技术、劳动等合理的或平均的社会标准，根据估计出的系统方程，从宏观和微观两个层面定量评价土地的经济价值，以保障评价的公平性和合理性。

土地的社会资源价值包括：养老价值、失业保障价值、粮食安全价值。土地的粮食安全价值采用支付卡 CVM（条件价值法）统计城乡居民的支付意愿，将价值评价结果与前人成果进行比对。土地的总社会价值采用两阶段二分式 CVM 收集城乡居民的支付意愿及农民的受偿意愿数据，利用 logistic 模型估计土地的社会价值，将评价结果与土地养老、失业保障和粮食安全价值之和进行比较，以保证评价结果的相对合理性。

土地的生态资源价值包括：调节气候价值，蔡明华估算，每公顷稻田的散热效果等同于一部冷气机；调节气体价值，主要是释放二氧化碳和释放氧气的价值；涵养水源和净化环境价值；保护土壤价值；保护生物多样性价值；娱乐功能价值，主要是生态旅游、乡村休闲的价值。

二　农业新业态的表现形式

我国的业态划分还没有统一的标准。目前只有商务部组织编写的《零售业态分类》标准，按照这个标准将商业零售业态分为 17 个业态。我国的农业业态还没有相类似的标准，自然对业态的划分也就没有国家标准。但是，学者们对农业业态的研究已经有了一定的成果。

2018 年中央一号文件再次明确提出农村供给侧结构性改革是重点任务之一。农业新业态就是供给侧改革的微观体现。首先对农业的新业态进行界定，新业态的"新"应该是新产业形态、新生产要素及新生产条件"三新"的具体特征，新型农业业态发展所体现的高科技、高水平、高品质和高效益的"四高"要求的企业化标准与现实，对新型农业业态的多样化、特色化、开放化、集约化、市场化、产业化的"六化"的路径研究。

出现了新业态萌芽，表现为体验式农业产品消费模式、规模生产和高技术农业的生产型农业和旅游型农业的结合模式、乡村住宅的周末休闲的租住模式、娱乐性民俗猎奇式消费、健康养生的农村休闲模式等创新性农业新业态。农业新业态所表现出的具体的企业形式依赖于外部资本与农业的产权资本进行结合的方式。

三　新业态下的农业企业在"三权分置"下的地域形态

主要研究农业新业态"三权分置"下企业经营的形式。由于我国土地自然特征复杂，各地具有的土地经营的优势各不相同。平原地区、滨海地区、山地丘陵地区的土地资源特征差异巨大，农村居民的土地权利意识和经营理念各异。基于以上的理解，本课题在此部分的研究主要涉及土地企业化经营路径的选择。土地企业化经营具有效率性，考虑土地性质以及土地所在地域经济的发展状态，我国农村土地企业化经营的方式应多样化。大致可以有三类企业化经营路径，第一种以东北平原、华北平原以及新疆地区为代表的可以成片区大企业化经营的土地，这种土地容易大面积种植农作物，农田水利设施的规模效应能够发挥出来，可以参照西方农场经营的方式组建农业股份公司，以经营权转让的方式完成土地连片，达到企业化经营的目的。第二种以东部沿海发达地区为代表，土地细碎化特征明显，地区经济发达，可以土地经营权入股的方式通过引进资本组建农业产业开发公司，以通过新技术的应用发展特色作物和适宜的经济作物为企业化经营目标，提高单位土地的产出效益，这种方式需研究出公司资本退出下对农民土地产权权益的保护。第三种以中西部地区为代表的经济欠发达地区可由政府引导组建专业农业合作社，通过国家技术与农业机械补贴的方式提高专业合作社的规模产出效率。厘清农村土地企业化经营路径选择设计的各权利主体的权利义务关系；探索土地产权权利市场化估值方法，土地产权交易市场的规范化运作条件与模式，不同土地产权主体在新业态下农业企业中的权利表达方式。

第二节　新业态形成的产业融合

农业新业态的形成体现在农业的创新上。但是其推动因素既有农业产业内的，也有产业外的，甚至更多地体现在农业产业外因素上，表现为不同产业技术的延伸与融合，不同产业的对接与整合，比如，现在主要的农业新业态：休闲农业、订单农业、超市农业、连锁经营农业、网络农业、创意农业、来料加工业、农村新型物业、农村特色文化产业等多种形式。随着农村宅基地使用权的流转还可能出现民宿农业、养生农业、纯自然农业等农业形式，随着现代技术的应用可能会出现太空农业、立体种植农业、生态农业、循环农业等。但是，从目前来看，农业新业态在分类上还没有统一的标准，产业融合与技术引进形成的新业态还不成熟。我们在借鉴已有研究成果的基础上，对农业业态进行重新分类，将农业业态根据技术先进性和产业融合特征分为四大类型。

一　可持续发展理念下内生发展型农业新业态

可持续发展理念下内生发展型农业新业态主要表现为为满足人们对农村绿色、健康、自然回归的需要而形成的新业态。比如产品无任何现代化学肥料的有机农业，追求农业生产与生态技术紧密结合的生态（循环）农业，将农业生产与环境协调发展综合考虑的绿色农业。当然这些农业新业态彼此间有重叠的部分，但是其基本特征是对传统农业进行内涵式创新，即便应用现代生物技术也以遵循农业自然规律和环境的适应性发展规律为前提。甚至很多服务业以此为基础进行了整合。需要说明的是，传统农业的内生式发展并不是排斥现代生产技术和经营模式，只是说在遵循农业的自然生态规律下引入现代技术，引入农业设施和机械，是在传统生产基础上的创新和发展。

因为这些农业新业态的出现更多的是以需求侧的创新或者消费理念的改变形成的,并不是产业的简单融合,而是新的消费理念及居民收入增长支撑下的农业业态创新。比如,当前经常提到的生态农业、有机农业以及绿色农业就是全新的消费理念和生产理念下的农业新业态(见表7-2)。比如,我们经常看到的山林放养的黑猪养殖模式,柴鸡养殖,自然放养的淡水鱼等,其产品因为被赋予自然生长的内涵而被具有健康消费理念的消费者所青睐和接受。当然,这些农作物、牲畜或家禽出现病虫害和疾病也需要运用含有高科技的农药和治疗手段。只不过,其生产理念更符合现代人回归自然的消费心理。这种理念对传统农业进行了内涵性的需求挖掘,形成了新的业态。

表7-2 全新理念下的农业新业态比较

	有机农业	生态(循环)农业	绿色农业
概念	有机农业是遵照一定的有机农业生产标准,在生产中不采用基因工程获得的生物及其产物,不使用化学合成的农药、化肥、生长调节剂、饲料添加剂等物质,遵循自然规律和生态学原理,协调种植业和养殖业的平衡,采用一系列可持续发展的农业技术以维持持续稳定的农业生产体系的一种农业生产方式	指在保护、改善农业生态环境的前提下,遵循生态学、生态经济学规律,运用系统工程方法和现代科学技术,集约化经营的农业发展模式,是按照生态学原理和经济学原理,运用现代科学技术成果和现代管理手段,以及传统农业的有效经验建立起来的,能获得较高的经济效益、生态效益和社会效益的现代化农业	绿色农业是指将农业生产和环境保护协调起来,在促进农业发展、增加农户收入的同时保护环境、保证农产品绿色无污染的农业发展类型。绿色农业涉及生态物质循环、农业生物学技术、营养物综合管理技术、轮耕技术等多个方面,是一个涉及面很广的综合概念
共同点	为人类社会发展提供生活资料		
区别	有机农业针对的是农业生产方式	生态农业是生产过程中既要促进生态保护,又要依赖生态的有效支撑,针对的是农业生产体系	绿色农业主要是防污染,也就是整个生产过程都是无污染、无公害的过程,针对的是农业生产经营方式

续表

	有机农业	生态（循环）农业	绿色农业
特点	（1）生产中不采用基因工程获得的生物及其产物； （2）不使用人工合成的农药、化肥、生长调节剂、饲料添加剂等物质； （3）种植业采用有机肥满足作物营养需求，或养殖业采用有机饲料满足畜禽营养需求	（1）适量施用化肥和低毒高效农药等； （2）通过物质循环和能量多层次综合利用和系列化深加工，实现经济增值，实行废弃物资源化利用，降低农业成本，提高效益； （3）环境建设同经济发展紧密结合，最大限度地满足人们对农产品日益增长的需求的同时，提高生态系统的稳定性和持续性，增强农业发展后劲	绿色农业是传统农业和现代农业的有机结合，以高产、稳产、高效、生态、安全为目标。不仅增加劳动力、农肥、畜力、机械、设备等农用生产资料的投入，还增加科学技术、智力、信息、人才等软投入，使绿色农业发展更具有鲜明的时代特征
优势	（1）可向社会提供无污染、好口味、食用安全的环保食品； （2）可以减轻环境污染，有利于恢复生态平衡	（1）以生态经济系统原理为指导建立起来的资源、环境、效率、效益兼顾的综合性农业生产体系； （2）它既是有机农业与无机农业相结合的综合体，又是一个庞大的综合系统工程和高效的、复杂的人工生态系统以及先进的农业生产体系； （3）主要措施是实行粮、豆轮作，混种牧草，混合放牧，增施有机肥，采用生物防治，实行少免耕，减少化肥、农药、机械的投入等	在合理使用工业投入品的前提下，注意利用植物、动物和微生物之间的生物系统中能量的自然流动和循环转移，把能量转化和物质循环过程中的损失降低到最低程度，重视资源的可持续利用和保护，并维持良好的生态环境，做到可持续发展
	（1）有机农业就是最古老的农业形式； （2）有机农业是种劳动知识密集型产业； （3）有机农业食品在国际市场上的价格通常比普通产品高出20%~50%，有的高出一倍以上		

二 纯粹的产业对接和连接的农业新业态

休闲、旅游农业和民宿农业以及养老农业更是新的生活方式和消费理念下的农业业态创新。不仅仅是服务产业与农业的结合，更多的是居民需求侧变化导致的需求延伸到农业领域引起的农业供给侧改革的跟进。将农业与其他产业业态进行对接形成的农业新业态类型也非常普遍。

第一种类型，超市农业。超市农业就是将城市的超市采购平台的采购计划与农民生产的农产品进行对接，通过合同订单方式建立战略合作伙伴关系。按照超市的采购标准实行订单化生产或者实行准入型生产。其合作方式可以采用多种形式，在品牌上可以是农民的原产地品牌，也可以是超市品牌，这需要在合同中进行明确。

第二种类型，连锁农业。连锁农业是授权方将商标、经营模式、专利或专有技术、商业秘密等授权给被授权方使用，往往是授权方统一提供技术培训和原种以及机械设备等。甚至，在某些情况下还统一收购产成品。

第三种类型，旅游、休闲、养老农业。这种方式往往是由旅游休闲娱乐企业进行投资，以与农村集体组织或者农民合作组建旅游、休闲、养老联合体的方式进行经营，按照合同约定风险共担，收益分成。随着农村土地确权以及农村土地的财产性的政策认定，今后这种形式的产业融合的农业新业态将会有更大发展，最近南方部分省份发展起来的民宿产业就是一种新型的农业业态。

第四种类型，创意农业。这是近年来的创新创意产业，虽然这种业态存在时间不长，但是表现出的发展潜力非常大，有一种将农业产品工艺化的趋势，通过农业产品的工艺化提高了产品的附加值，同样其农产品的增值空间明显大于传统农产品。比如将农田规划成艺术图案，将花生、辣椒、玉米、麦秆做成工艺品等，再通过品牌及创意设计将其功用价值转为欣赏价值，增值空间远远大于农产品本身。

以上四种类型加上生态农业、有机农业、绿色农业共同组成了产业融合、延伸型的农业新业态，也是目前主要的农业创新业态，具有非常广阔的发展前景和增长空间，随着"三权分置"的深入实施以及土地财产权利的确定，这类新业态将会有更大发展。

三 现代农业技术下的农业新业态

现代农业技术下的农业新业态主要是现代技术与农业生产的结合，主要体现为太空育种农业、转基因高产农业、现代设施农业等，这些农业新业态往往需要大量的技术投入和资本投入，对传统农业进行现代技术改造，甚至完全改变了农业的生产模式，具有创新性和革命性。

转基因高产农业通过转基因技术提高农产品的产出效率，这属于一种生物技术提高农业产出的方式。虽然转基因技术对农产品产出效率的提高作用毋庸置疑，但是消费者对转基因技术生产的产品的健康保障问题一直存疑。在目前技术水平下，尚无法完全排除其对健康的长期影响，在这种情况下，转基因生产的产品适用范围受到了限制。比如，我国对转基因食品的销售标注要求就是对消费者使用该类农产品的提示。因此，目前这类农产品主要用于禽畜饲料。农业生物技术是提高农产品产量的一个方向，因此在一些畜牧饲料产品上必将有更大发展空间。

太空育种农业是通过太空育种技术将进入太空的农产品种子进行播种，通过基因突变提高农产品的抗病虫害、抗倒伏、抗旱涝等能力，增产增收。其优质优产的性能通过太空育种技术得到提升，并且不具有损害食用者健康的负面可能，是具有发展前景的农业生产技术。以此技术为支持形成的农业新业态具有其技术优势和产出优势并且比较容易获得消费者认可。

现代设施农业是在环境相对可控的条件下，采用工程技术手段，进行动植物高效生产的一种现代农业方式。设施农业涵盖设施种植、设施养殖和设施食用菌等。在国际上，欧洲、日本等通常使用"设施农业"（Protected Agriculture）这一概念，美国等通常使用"可控环境农业"（Controlled Environmental Agriculture）一词。2012年我国设施农业面积已占世界总面积的85%以上，其中95%以上是利用聚烯烃温室大棚膜覆盖。我国设施农业已经成为世界上最大面积利用太阳能的工程，绝对数量优势使我国设施农业进入量变质变转化期，技术水平越来越接近世界先进水平。设施栽培产量是露天种植产量的3.5倍，我国人均耕地面积仅有世界人均耕地面积的40%，发展设施农业是解决我国人多地少制约可持续发展问题的最有效的技术工程。目前，我国已经有一些设施农业企业作为先锋企业进军设施农业并取得了一定的成绩，还需要国家在政策和制度上对这些农业新业态企业进行支持和鼓励。

四　基于互联网和物联网技术的农业新业态

基于互联网平台的农业电商已经有了很大发展。通过电商模式销售农产品减少了很多储藏、批发零售环节，提高了产品的物流效率，电商平台面向的市场更加宽广，电商的信息传播的高效率有利于产品的市场推广和品牌传播，电商模式销售农产品比传统的农产品销售更具有效率。淘宝、京东等大型电商平台提供的营商模式是当前主要的销售模式，除此之外还有微商、自建商务网站、公众号等电商销售方式。

随着大数据时代的到来，很多大数据公司与农业生产企业进行合作，通过大数据和智能技术采用点对点信息实时反馈，针对农产品的生长环节提供精准生产指导，保证在每个生产时间点上都能让生物处于最佳的生长环境和获得最佳的生产条件。这种新技术已经开始试验，虽然还没有产业化，但是将是农业新业态的又一个发展方向。

第三节 农业新业态形成的条件

　　农业新业态的形成需要有充分必要的外部条件。一个产业新业态的出现和发展是对这个产业传统业态的革命。社会各个要素与农业产业内的要素重新融合发展成为新的经营模式和价值形态。因此，农业需要农业要素的充分自由的流动和组合才能够在技术和政策的推动下向一个新的业态创新性方向发展。在市场经济下，还需要有足够的增值空间对资本形成吸引力，在产权清晰的条件下，体现新的业态的增值潜力，吸引外部资本与产业内资本重新组合，因此，农业新业态的出现和发展需要充分的社会经济发展的条件以及技术做支撑，主要体现在新业态形成条件的成熟与完备（见图7-1）。

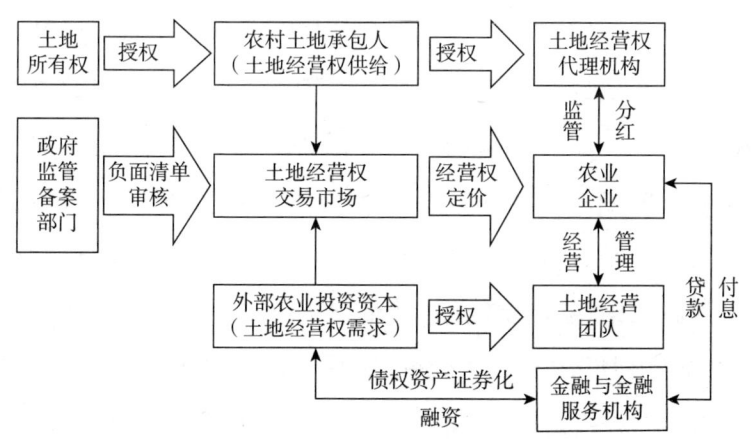

图7-1 "三权分置"下土地产权与外部资本融合

一　城镇化进程转移容纳大量农村劳动力有利于农村土地整合

　　改革开放四十年来，中国由一个不折不扣的农业大国发展成为一个工业大国，这个过程就是大量的农村剩余劳动力城市化转移的过程，也是我国城镇化进程的体现。农村劳动力的城市转移意味着农业产出效率的提升,农业产出已经足以支撑大量城市人口,也说明单位土地和单位产出中农业劳动力所占的比例下降,同样土地在较高的劳动产出效率下不需要更多的劳动力。同时,这也说明,农业产业的劳动回报率低于城市产业的劳动回报率,这导致大量农业劳动力转移到城市以获得更多回报,留在农村的劳动力属于具有较低劳动能力的被城市产业淘汰的劳动力。农业产出中劳动力的贡献已经被农业机械化和生产专业化的贡献所替代。农业产业到了一个需要产业经营模式改革的阶段。

我国农业产业发展到现在就是到了这样一个阶段。《全国农产品成本收益资料汇编2013》中的数据表明,中国农业生产中,有约35.1%的成本为劳动力成本,机械、燃料和技术服务成本占比只有18%。相应地,美国农业生产中劳动力成本仅占6.8%,而机械、燃料和技术服务成本占42.4%,可以看到,在农业机械化发展方面,中国还有很大的提升空间,而这些提升空间,都可以极大地节省劳动力投入。有人推测,如果中国农业机械化发展程度能达到美国现在的水平,仅需要现在1/5的劳动力人口即可。虽然中国农业生产量很高,但这是投入了非常大的农业劳动力才有的效果,如果将产量平均到每个劳动力身上,以水稻为例,中国的亩均劳动力为0.8人,是印尼、印度的3倍,孟加拉国、越南的5倍,泰国的8倍。[①]

土地流转并且采用先进生产模式以后,农业机械化和先进的农业生产技术的应用必将释放更多的农业劳动力,农业劳动力的转移速度还会提高。而农业劳动力的转移又为土地流转提供了条件,农业劳动力的转移促进了土地的流转,土地流转又有利于先进农业技术和大型农业机械以及新型农业生产模式的应用。截至2017年底中国的城镇化率已经接近60%,正在进行的城

---

① 《农村劳动力,后续还有人吗?来看数据》,搜狐网,http://www.sohu.com/a/145701851_701459。

镇化还将为更多的农业转出劳动力提供空间，尤其是 90 后、00 后劳动力由于普遍接受了高等教育，绝大部分人口将从事城市产业内的工作。因此可以预计，未来农业劳动力的绝对数量和相对数量将呈现双下降的趋势。这为土地的流转提供了条件，也就是说，如果不创新农业业态和经营模式，将没有足够的劳动力进行土地耕种，在这种条件下只能通过创新农业经营模式、引进新的农业技术和生产方式才能够提高农业产出效率。

二　土地产权权利清晰明确有利于土地产权交易

只有产权权利清晰，产权的转移才具有可能性。"三权分置"政策在农村土地确权完成以后就具备了产权清晰的特征。这里的"三权"是指农村土地的所有权、使用权与经营权。所有权归农村集体，使用权表现为土地承包权，归承包期内的农民所有，经营权是最具有流转性的权利，是指在承包期内，土地使用权人将土地流转给任何具有经营土地资格的主体，在承包期内获得承包权人授权的经营者就具有了经营权。国家已经公布农村土地第二个承包期再延长 30 年，这意味着土地的经营权可以在这个时期内自由流转，任何能够使土地有更大增值的企业和个人都有资格从有承包权的农民手中接手土地，按照国家土地规划的功能自主经营，按照与承包人的协议合理分配增值收益。拥有土地所有权的集体只具有监督土地按照国家法律政策经营的权利，无权干涉土地经营者的经营权。

在"三权分置"政策提出以前，由于土地权属界限不清晰，土地流转过程受到很大限制，土地规模化、专业化的过程受到不同权利主体的限制而使土地无法市场化流转。通过土地确权和"三权分置"政策的实施，农村土地的流动性增强了，土地集约化、专业化的障碍降低了，新业态形成的可能性增大了。

三 农村土地具有的财产性权利推动与资本融合

土地财产性质的权利也是在十八大以后才开始探讨的，2016年以后中央先后出台了土地入股、抵押等体现土地财产特征的政策。土地只有具有财产价值才能够让土地与其他要素组合成新的经营体，也就是农业新业态。"三权分置"以后，土地经营权可以转让、入股、抵押等的特征就已经非常明显地表明土地的财产性权利。农民因为拥有了初始的土地财产性权利，在土地的财产性权利的转移过程中就可以拥有获得回报的权利，也就是交易价值。

但是，土地财产权利的体现需要有对土地价值进行评估的机制。这就需要建设土地经营权交易市场。以市场机制保证土地交易双方权利对等地进行讨价还价，确定交易条件。农民土地经营权的市场化转移机制为农民获得足够的土地交易增值提供了保障。随着"同地同权"政策的实施，农村土地使用权人也有权在符合法律规定和政策允许的前提下自主决定土地授权对象及经营方式，甚至可以决定土地不动产的建设和交易。当然，所有这些行为的前提是明确的，那就是符合国家的法律政策规定。

四 社会技术发展具有支撑新业态发展的能力

现代信息技术、工程技术、生物技术、新材料和新能源技术对传统农业生产模式的改造已经产生巨大影响。在互联网和物联网发展迅速的今天，已经有大量的科技创新实现产业间的互联互通，我们在前面已经论述了先进技术对农业生产效率提高的作用。先进的节水灌溉技术，太空农业，转基因农作物，立体农业以及先进的农业机械和播种、施肥、收割的大型机械化的使用创新了农业生产模式。尤其是专业化的农产品加工技术与农业生产的对接改变了产业间的界限，多产业长供应链型的新型混合农业生产在先进的生产技术和管理技术支持下使农业新业态具有了充足的技术支撑。

五 国家对农业新业态发展有充分及时的鼓励支持政策

中央连续十五年出台关于农业改革的中央一号文件促进农业的深入改革。十八大以后"三权分置","土地确权",对农村土地的财产性质的界定,鼓励土地流转和规模化的政策连续出台,尤其是,2018 年中央一号文件明确提出推进产业融合和城乡融合,并以此为基础提出了农业新业态的培育、发展和鼓励政策。农村土地征收、集体经营性建设用地入市、宅基地制度改革试点自 2015 年 3 月启动以来,试点范围不断扩大,试点内容不断丰富。我国农村土地制度改革 33 个试点地区,已经完成了阶段性目标任务。截至 2018 年 6 月底,我国农村土地制度改革 33 个试点地区已按新办法实施征地共 1101 宗 16.6 万亩;集体经营性建设用地入市地块 970 宗 2 万余亩,总价款约 193 亿元,收取土地增值收益调节金 15 亿元;各地共腾退零星、闲置宅基地 9.7 万户 7.2 万亩,办理农房抵押贷款 4.9 万宗 98 亿元。我国农村土地制度改革完成阶段性目标任务。[①] 为贯彻落实《中共中央 国务院关于稳步推进农村集体产权制度改革的意见》精神,由点及面开展集体经营性资产产权制度改革,经各省、自治区、直辖市及计划单列市推荐,农业部、中央农办确定北京市海淀区等 100 个县(市、区)为 2017 年度农村集体产权制度改革试点单位。2018 年农村集体产权制度改革试点由 129 个增加到 300 个。[②]

随着国家农村土地产权改革政策的进一步深入试点,以土地产权改革为契机形成的农业新业态的政策环境逐渐完善,对推动我国农业新业态的创新和成长具有积极作用。

[①]《自然资源部:我国农村土地制度改革 33 个试点地区完成阶段性目标任务》,百家号,https://baijiahao.baidu.com/s?id=1609036811894546762&wfr=spider&for=pc。

[②]《2018 年起,33 个农村试点地区,每亩土地 110 万元,你家有吗?》,百家号,https://baijiahao.baidu.com/s?id=1586220515783473323&wfr=spider&for=pc。

六 社会多样化需求提供了农业供给侧改革的动力和市场空间

我国人均 GDP 已经超过 8000 美元，我国经济依然保持着每年 6.5% 以上的增长速度，随着社会福利制度的完善，居民休闲时间和休闲的物质基础已经具备。近年来，我国每年出国旅游的人数一直保持着两位数的增长速度。2017 年全年国内游客达到 50.01 亿人次，比上年增长 12.8%，国内旅游收入为 4.57 万亿元，同比增长 15.9%；入境游客为 13948 万人次，同比增长 0.8%。国际旅游收入为 1234 亿美元，同比增长 2.9%；国内居民出境 13051 万人次，同比增长 7.0%。全年实现旅游总收入 5.40 万亿元，同比增长 15.1%。[1] 随着全面建成小康社会的持续推进，旅游已经成为人民群众日常生活的重要组成部分，我国旅游业进入大众旅游时代。从以上数据看，国内旅游增长态势明显。说明随着我国经济增长，旅游需求也在增长，但是旅游的传统市场的潜力已经释放殆尽，能够形成新的旅游资源和创新旅游产品的只有农村，通过开发农村休闲产业和农村旅游产品满足增长的旅游需求。

同时我们还要看到，中国已经进入老龄化社会。随着高铁网络化、城乡交通一体化，老龄人口更倾向于养生环境更优良的农村和郊区地带。在环境清雅的农村地区建设更多的养老社区、养老设施，提供养老服务将对老龄人口消费有一定的吸引力。

以上分析说明，不管是旅游业还是养老产业，在社会经济迅速发展的今天已经开始形成新的需求了，而满足这些需求的区域和产业主要在农村地区和农业产业。这需要我们创造更多的精准满足老年人和旅游需要的农村服务型产品，这些产品的生产正是农业新业态的体现。

---

[1] 《2018 年中国旅游行业发展现状及发展趋势分析》，中国产业信息网，http://www.chyxx.com/industry/201804/634265.html。

七 新业态的增值空间对社会资本具有充分的吸引力

以民宿为例,截至2016年底,客栈民宿线上注册总量达到50200家,较2015年增加近8000家。数据显示,2015年和2016年是在线民宿市场发展高峰期,未来在线民宿规模会继续扩大,但是行业增速将有所回落。一方面,市场发展不够成熟,没有制定完善的管理机制而造成恶性竞争;另一方面,越来越多的民宿仓促进入市场,未能长远发展。初步统计,2017年中国在线民宿预订交易规模突破100亿元,预计2018年交易规模将近200亿元。①民宿是农村新业态的一种形式,也是近年来中央支持和鼓励的农业新业态,民宿之所以能形成具有一定规模的民宿经济,主要的原因在于这种农村的新业态具有足够的利润空间和发展潜力。一方面有利于盘活农村空置的宅基地和住房资源,另一方面迎合了乡村旅游的发展趋势。如果政府能够对民宿市场加以规范和引导,民宿经济形成的产业吸引力会更大。

民宿只是一种农村的新业态,是农业的创新业态之一,未来的农村养老服务、休闲服务、娱乐服务等也将随着农村经营性用地的财产性政策的完善而更具有发展潜力,外部资本与农村土地要素的结合更加便利,这就会给新业态的产业发展提供路径并降低风险,这对资本的吸引力是毋庸置疑的。

第四节 农业新业态形成的路径

农业新业态表现形式多种多样,因为不存在路径依赖问题,每种新业态的产生与发展都有其不同的动力和引力,业态形成的机制和模式也各不相

---

① 《2018中国民宿行业市场前景研究报告》,中国经济网,http://www.ce.cn/culture/gd/201804/08/t20180408_28747634.shtml。

同。但是，从本质上讲，任何新业态的形成都离不开要素的自由流动性。随着农村"三权分置"政策实施，土地财产性的认定，农村经营建设用地"同地同权"的提出，农业要素的流动性增强，要素的流动有助于资本与其结合创造出更具有价值的经营模式，这就是农业的新业态，新的经营模式锚定了潜在的社会需求以后，就可以通过一系列的经营机制创新推动各种业态向更高效率的运作模式迈进，这就是新业态形成的总的路径。当前农业新业态的主要类型见表7-3。

表7-3　当前农业新业态的主要类型

类别	类型	表现形式	代表性企业或园区
服务型	休闲农业	休闲农庄、乡村酒店、特色民宿、房车营地、市民农园、教育农园、运动公园等	成都五朵金花、北京鹅和鸭农庄、北京张裕爱斐堡国际酒庄
	会展农业	会议、展览、展销、节庆活动	北京农业嘉年华
	创意农业	农产品创意、农业动漫创意、农业主题公园创意、节庆活动创意、异域农业文化创意、农食文化创意、医农同根创意等	蓝调薰衣草庄园、金福艺农番茄联合国
	阳台农业	盆栽园艺、立体农业	北京闲亭苑种植技术公司
创新型	生物农业	生物育种、生物农药、生物肥料、生物饲料、生物疫苗和制剂	大北农集团、山东登海种业股份有限公司
	智慧农业	农业物联网、移动互联	北京密云爱农养殖基地、黑龙江七星农场、淘宝、京东、沱沱工社、本来生活、密农人家
	农产品电子商务	农产品电子商务平台、微电商	北菜园
	农业大数据	云计算、大数据	农信通、信息田园、国家农业科技服务云平台

续表

类别	类型	表现形式	代表性企业或园区
社会化型	农业众筹	农产品众筹、农场众筹	大家种
	订单农业	以流通、餐饮为主的服务性企业向前延伸产业链建立原材料直供基地	呷哺呷哺公司、顺丰优选、阿卡农庄
	社区支持农业	基于互联网的新型社区支持农业、现实版qq农场	小毛驴、分享收获、诺亚农场
	农业社会化服务业	农机合作社、土地托管合作社、植保飞虎队等	北京兴农天力农机服务专业合作社、山东平原县益民土地托管合作社
	农村养老服务业	农村闲置房屋发展养老社区	北京怀柔田仙峪村、密云塔沟村、山里寒舍
	农产品私人定制	高端果品定制	北京昌平崔村镇青水果园特级苹果私人定制
内部融合型	生态农业	生态农业	上海市崇明区禾偕水产生态园"稻虾鳖蟹共生"稻田立体混养生产模式
综合型	工厂化农业	工厂化食用菌、工厂化育苗、植物工厂	北京农众物联科技有限公司

资料来源：陈慈等著《当前农业新业态发展的阶段特征与对策建议》，《农业现代化研究》2018年第1期，第48—56页。

由于不同新业态的表现形式差异很大，我们按照其形成的主要动力和引力进行划分，总结出如下新业态形成的路径。

一　需求拉动型

需求拉动型的新业态形成路径的初始状态为社会经济发展引致新的社会需求或潜在需求。新的需求或潜在需求主体主动到农村寻求满足其需求的产品和服务，这种主动性需求拉动农业生产者和服务者在利益驱动下提供不同于以往的新的农业产品和服务。

当前这种业态有生态养老、农村休闲、农村旅游等。追溯这些业态形成的过程可以发现，业态形成之初，往往是由旅游或者娱乐休闲企业在调查分析消费者行为的时候发现潜在需求存在的。越来越多的消费者希望能提供乡村生态旅游，或者回归自然原始村落状态的休闲，以能够与自然更亲近的基础和体验为基本诉求，形式不一定完全一样，只要能够体验自然和原始的状态就可以。目的是放松身心，寻求人与自然的一体化。这是在快节奏和高压力下城市居民放松身心需求的一种表现，也是高速发展的社会经济给城市居民心理压力的一种释放形式。

旅游休闲企业主动联系乡村集体组织或者家庭个人，建立战略伙伴关系，比如农村休闲的"农家乐""渔家乐"，采摘活动、乡村体验游等活动。近年来发展起来的民宿也具有这样的路径特征。这种新业态发展的成熟期就表现为资本与农村土地和设施的结合，表现为组建旅游联合体、休闲联合体、农村养生联合体。农民以土地经营权入股，各种联合体以公司形式运营，农民转为旅游和休闲及养生企业的雇员，同时还以土地入股享受分红。

二 技术推动型

这种业态形成的路径为：其他产业的高新技术延伸应用到农业领域而形成新业态。比如，以太空育种技术形成的新品种在农业领域栽培种植而形成新的农产品生产企业或生产集体，以转基因生产技术为依托的新品种农产品的生产，以设施技术和光热技术形成的新型农业种植模式。这种业态最初为政府引导技术，拥有者自发与农业集体组织或者家庭通过合同建立生产经营关系松散联合体。通过合同确定生产与采购关系，一般开始由技术拥有企业给予技术指导、扶持，政府给予政策保障，保险公司以农业保险的形式推广种植新品。

表现的业态形式为合同型联合生产模式。一般通过政府政策鼓励和担保的形式让农民对新技术产生信任感,之后拥有技术的企业与农业集体组织进行洽谈,签订种植和收购合同,有些还有社会保险机构参与。主要是通过这种路径完成技术进入农业生产环节,让技术与农业劳动力和土地进行结合,以合作的生产方式生产出创新型农产品。比如,转基因大豆生产基地、高产大米生产基地等。

三 创意创新型

通过创意与创新对原有的农业生产模式和农产品进行包装和功能拓展,形成新的需求刺激点。比如,现在比较多的会展农业、农业创意园区等就是这种新业态。

这种业态的形成过程也比较简单,以将产品功能与造型推陈出新或赋予产品文化新意为主要手段,使普通农产品变成纪念品,甚至艺术品,从而身价倍增,提高产品附加值。活动创意,指通过定期或非定期举办创意活动,提高消费者体验价值。如北京番茄联合国每年举办番茄大战,市民从番茄大战中得到了情感发泄,找到了朋友,园区从创意活动中得到了经济利润。但从总体看,创意农业目前多以创意元素的形式融入休闲旅游产品和活动开发中,尚未占有较大规模的市场份额,尚未有专门从事创意农业的组织,由创意打造到形成产业,还有很长的一段路要走。[1] 其形成路径也比较简单,以创业企业为主通过寻找合适地域建设创意园,初期通过与农民签订合同确定购买产品,与集体组织通过签订合同确定使用的经营建设用地范围。后期,采用股份化的形式结合农民土地与创意企业资本组建创意公司。

一般来说,这样的新业态资本实力雄厚,主要依靠创意理念激发需求,以需求与农业生产者的产品进行对接,变农产品的食用功能为欣赏审美功

---

[1] 陈慈等:《当前农业新业态发展的阶段特征与对策建议》,《农业现代化研究》2018年第1期,第48—56页。

能。因此，这样的业态一般存在于城市郊区和旅游目的地区域，比较容易形成创意市场。

四 产业对接型

产业对接型的农业新业态的路径非常清晰，分析产业对接型业态的路径会发现，与农业对接的企业大多数属于以农产品为原料或者以农产品为商品的企业。这些企业采用与农业生产者对接的方式降低交易费用和减少环节，提高农产品使用效率。

路径形成的模式为：初始阶段，农业外企业通过订单形式建立与农产品生产者的合同关系，随着合作的深入，农业外企业会考虑通过一体化方式减少交易费用，通过资本投入与农民合作生产，最后通过股份化形式共同拥有农业企业，以保证产品直供，减少中间环节。比如超市农业、电子商务农业就是这种发展路径。2015 年我国农产品网络零售交易额超过 1500 亿元，比 2013 年增长 2 倍以上，农产品电子商务呈现快速发展态势。但电商交易企业的赢利能力普遍不强。根据某研究组织的监测数据，2014 年国内农产品电商接近 4000 家，但其中仅仅有 1% 能够赢利，7% 有巨额亏损，88% 略亏，4% 持平。农产品电商利润空间无法覆盖高昂的成本，多数企业在烧钱铺市场，尚未收回投资。农产品电子商务在平台运营、农产品标准化、仓储物流等方面均有待破题。[1]

五 国家现代农业产业园区业态

国家从 2017 年开始对现代农业产业园业态给予支持和鼓励。2017 年对国家认定的现代农业产业园给予了 50 亿元资金的支持。国家现代农业产业

---

[1] 陈慈等：《当前农业新业态发展的阶段特征与对策建议》，《农业现代化研究》2018 年第 1 期，第 48—56 页。

园是在规模化种养基础上,通过"生产＋加工＋科技",聚集现代生产要素,创新体制机制,形成明确的地理界线和一定的区域范围,建设水平比较领先的现代农业发展平台,是新时期中央推进农业供给侧结构性改革、加快农业现代化的重大举措。现代农业产业园的特点在于它不是单一的农业生产型园区,而是以农业生产为基础,通过产业融合和城乡融合形成的立体、系统、高科技的以农产品生产加工为主的现代园区,是现代技术装备集成区、优势特色产业引领区、一二三产业融合发展区、农村创业创新孵化区、现代农业示范核心区。

国家现代农业园区业态的形成路径有两种,一种是已经在各个地方有了园区雏形,通过国家政策引导配齐产业链和公共设施的。另一种是主导企业与农户及相关产业对接,自主建设形成一定规模和产业集聚后政府认定的。

政府引导型的园区业态,以政府规划在先,政府负责提供园区建设的土地,引导企业入驻。这种现代农业园区初始阶段为地方政府或者企业自主创新形成生产基地,或者是"企业＋农户"的模式。随着入驻企业增加,企业规模扩大,园区形成初步业态。2017年以后,国家开始鼓励现代农业园区发展,开始认定一批创新业态的园区。

地方政府引导试点方式建设的现代农业园区发展更快、更完善。2015年7月,陕西省人大常委会审议通过了《陕西省现代农业园区条例》(以下简称《条例》),已于2016年施行。该《条例》是全国首部规范现代农业园区建设的地方性法规,它从法律层面规范园区的建设经营、权益保护、服务保证和风险防范等活动。园区所在地政府有义务加强供水、供电、道路、网络等基础设施建设,为园区发展创造良好的外部环境。通过不断加大资金投入整合力度,陕西省、市、县三级财政累计安排园区建设资金46.9亿元,带动金融资金和社会资金403亿元,初步形成了园区建设多元化投入机制。其中,省级认定的336个园区按照"先建后补"原则由省级财政对每个园区补助 500 万元，市、县财政再配套补助 50 万元至 150 万元不等。

大型企业通过主动构建"企业 + 农户"模式形成的园区规模相对较小，但是发展速度快，运行效率高。位于河北省中南部宁晋、鹿泉等县的君乐宝现代农业产业园就是这样的园区，它占地 3.8 万亩，集现代种养、乳品加工、旅游观光于一体。以农业龙头企业君乐宝乳业为带动，园区共有农产品加工企业 6 家、农民合作社 16 家，涉及 13 个村庄的 7000 多户农民，带动了十多个相关产业的发展。类似的产业园区河北省已经有 120 家，基本都是以主导产业为龙头形成以农业为基础，以高科技为引领，以政府导向为指针的园区业态的形成路径。①

在这样的路径模式下，按照因地制宜、产业导向的原则，形成几类不同的现代农业产业园建设模式。有加工带动型，依托龙头企业调结构、建基地，提高整体效益；有特色聚合型，围绕区域特色产业，打造区域品牌；有科技引领型，运用高新技术，改造传统技术，提升产品竞争力；有沟域开发型，统筹生态治理、特色种养业、休闲旅游业发展；此外还有农垦改制型和观光展示型。

六 境外引进型的农业新业态

境外有很多成功且成熟的农业业态，与境外农业环境相似的国内地理区域可以借鉴境外成功的农业业态发展我国的农业。比如荷兰的花卉农业、以色列的节水农业、美国的集约农业、日本的精耕细作农业、我国台湾地区的休闲农业等都是成熟的农业经营业态。与此相对应，我国幅员辽阔的特点为借鉴这些农业业态的成功经验提供了基础。

目前比较成功的新业态有昆明的花卉农业业态，正在蓬勃发展的旅游

---

① 部分数据来源于《产业园，现代农业的探路者》，金融界网，http://finance.jrj.com.cn/2017/04/18074922333659.shtml。

区域的民宿业态，新疆、甘肃地区的节水农业业态，今后还可能有更大发展空间的农业养生业态等。这类业态的形成路径以政府引导为主，组织国内有实力的企业考察以色列节水农业，以色列节水农业发展水平居世界第一位，平均每立方米水可产 2—3 公斤粮食，是我国的 2—3 倍，水肥利用率达 80%—90%。在我国内蒙古和新疆沙漠地区可以借鉴以色列的节水农业，发展我国的节水农业业态。新疆的天业集团的节水农业已经成规模，目前以滴灌技术为平台，新疆形成了节水器材生产、配套农机装备、滴灌专用肥以及自动化信息化装备技术等节水产业集群，大幅度提高了节水农业生产水平。这类业态一般由原有的建设兵团以及国家支持的农业试点企业完成。

美国的集约农业是建立在大规模农场土地面积的基础上的，美国平均每个农场耕种土地近 2.4 万亩。如果离开农业机械，美国农业难以发展。在美国，直接从事农业生产的人口约为 350 万人，但这 350 万人不仅养活了 3 亿美国人，而且使美国成为全球最大的农产品出口国。与美国情况差不多的国家还有澳大利亚和加拿大，它们也都依赖于农业机械的广泛使用。中国的东北地区是典型的可以探索集约农业新业态的地区。这种业态的形成需要有大量资本的农户或者企业通过购买土地经营权完成土地的集中，需要在土地交易权市场完善的基础上，通过产权交易完成土地集中。

我国大部分地区是人多地少的农业产区。与此相类似的法国的农业生产有跟我们相似的地方。法国在 20 世纪八九十年代还是自给自足的小农经济传统，因此发展现代农业多以进行农业制度变革为主要特色。多年来，为发展现代农业，法国实行了"一加一减"的做法。"一加"指的是为防止土地分散，国家规定农场主的土地只允许让一个子女继承。"一减"指的是分流农民，规定年龄在 55 岁以上的农民必须退休，且享有国家一次性发放的"离农终身补贴"，同时，还辅以鼓励农村青年进厂做工的办法减少农民。除此之外，法国还实行"以工养农"的政策。几十年来，法国持续发放农业贷款和补贴,并由国家出钱培训农民。

现在,困扰法国上千年的小农经济已成为过去,取而代之的是世界领先的现代化农业。目前,法国农业产量、产值均居欧洲之首,是世界上仅次于美国的第二大农产品出口国和世界第一大农产品加工品出口国。这种农业业态需要社保体系的支持,在我国现阶段,由于社保基金的有限性,还不能完全按照法国的模式进行新业态的改造,因此,这种业态需要有个渐进过程,我国社会保障体系完善和全覆盖以后,才可能消除小农经济业态,创造出大型家庭农场型经济。

参考文献

[1] 陈慈等:《农业新产业新业态的特征、类型与作用》,《农业经济》2018年第1期。

[2] 蒋和胜、刘世炜、杨柳静:《发展新型农业经营体系的体制机制研究》,《四川大学学报》(哲学社会科学版)2016年第4期。

[3] 杨荣荣:《基于业态划分的我国休闲农业评价研究》,博士学位论文,东北林业大学,2015。

[4] 肖卫东、梁春梅:《农村土地"三权分置"的内涵、基本要义及权利关系》,《中国农村经济》2016年第11期。

[5] 孙宪忠:《推进农地三权分置经营模式的立法研究》,《中国社会科学》2016年第6期。

[7] 张克俊:《农村土地"三权分置"制度的实施难题与破解路径》,《中州学刊》2016年第11期。

[8] 李宁、陈利根、孙佑海:《现代农业发展背景下如何使农地"三权分置"更有效——基于产权结构细分的约束及其组织治理的研究》,《农业经济问题》2016年第7期。

[9] 孔祥智:《新型农业经营主体的地位和顶层设计》,《改革》2014 年第 5 期。

[10] 张红宇:《现代农业与适度规模经营》,《农村经济》2012 年第 5 期。

[11] 黄祖辉:《转型、发展与制度变革——中国三农问题研究》,格致出版社,2008。

[13] 李光龙、张蒙春:《我国西部农地规模经营现状及制约因素分析——以甘肃永登县为例》,《云南民族大学学报》(哲学社会科学版)2014 年第 1 期。

[14] 吕晨光、杨继瑞等:《我国农村土地流转的动因分析及实践探索》,《经济体制改革》2013 年第 6 期。

[15] 张云华、郭铖:《农业经营体制创新的江苏个案:土地股份合作与生产专业承包》,《改革》2013 年第 2 期。

[16] 张红宇:《现代农业与适度农业规模经营》,《农村经济》2012 年第 5 期。

[17] 王俊沣、伍振军:《农地流转的市场模式与参与方动机解析》,《改革》2011 年第 2 期。

[18] 叶剑平等:《2008 年中国农村土地使用权调查研究——17 省份调查结果及政策建议》,《管理世界》2010 年第 1 期。

[19] 张晓山:《农民专业合作社的发展趋势探析》,《管理世界》2009 年第 5 期。

[11] 王顺喜:《我国失地农民现状分析及政策建议》,《中国软科学》2009 年第 4 期。

[20] 李孔岳:《农地专用性资产与交易的不确定性对农地流转交易费用的影响》,《管理世界》2009 年第 3 期。

[21] 史清华、卓建伟:《农村土地权属:农民的认同与法律的规定》,《管理世界》2009 年第 1 期。

[22] 刘晓宇、张林秀:《农村土地产权稳定性与劳动力转移关系分析》,《中国农村经济》2008 年第 2 期。

[23] 黄祖辉:《转型、发展与制度变革——中国三农问题研究》,格致出版社,

2008。

[24] 黎元生:《农村土地产权配置市场化与制度改革》,《当代经济研究》2007年第3期。

[25] 钱忠好、曲福田:《农地股份制合作制的制度经济解析》,《管理世界》2006年第8期。

[26] 谭荣、曲福田:《农地非农化的空间配置效率与农地损失》,《中国软科学》2006年第5期。

[27] 党国英:《土地制度对农民的剥夺》,《中国改革》2005年第7期。

[28] 《2004—2005农村劳动力转移情况比较》,《领导决策信息》2005年第26期。

[29] 张红宇:《对当前农地制度创新的几点看法》,《中国经济时报》2005年7月8日。

[30] 鄢军:《我国农村土地集中:方式和趋势》《经济学家》2004年第6期。

[31] 张晓山:《农村政策调整的几个难点问题》,《新视野》2003年第3期。

[32] 钱忠好:《农地承包经营权市场流转:理论与实证分析——基于农户层面的经济分析》,《经济研究》2003年第2期。

[33] 姚洋:《中国农地制度:一个分析框架》,《中国社会科学》2000年第2期。

[34] 汪亭友:《当代中国农民利益问题主要表现、成因及对策分析》,《北京理工大学学报》(社会科学版)2001年第2期。

[35] 王小映:《论我国农地制度的法制建设》,《中国农村经济》2002年第2期。

[36] 杜旭宇:《农民权益的缺失及其保护》,《农业经济问题》2003年第10期。

图书在版编目(CIP)数据

农村土地资源融合与业态创新 / 王英辉，李文陆著. -- 北京：社会科学文献出版社，2019.4
ISBN 978 - 7 - 5201 - 4438 - 4

Ⅰ.①农… Ⅱ.①王…②李… Ⅲ.①农村 - 土地资源 - 资源管理 - 研究 - 中国 Ⅳ.①F323.211

中国版本图书馆 CIP 数据核字(2019)第 040803 号

农村土地资源融合与业态创新

著　　者 / 王英辉　李文陆
出 版 人 / 谢寿光
责任编辑 / 姚　敏
文稿编辑 / 侯婧怡

出　　版 / 社会科学文献出版社 (010) 59367161
地址：北京市北三环中路甲29号院华龙大厦　邮编：100029
网址：www.ssap.com.cn
发　　行 / 市场营销中心 (010) 59367081　59367083
印　　装 / 三河市尚艺印装有限公司
规　　格 / 开　本：787mm×1092mm　1/16
印　张：13.5　字　数：184千字
版　　次 / 2019年4月第1版　2019年4月第1次印刷
书　　号 / ISBN 978 - 7 - 5201 - 4438 - 4
定　　价 / 68.00元

本书如有印装质量问题，请与读者服务中心 (010 - 59367028) 联系

版权所有 翻印必究